上海渔阳里与中国共产党的创建研究丛书

渔阳里图志

李瑊 ◎ 编著

上海市中共党史学会渔阳里研究专业委员会
中共上海市黄浦区委宣传部
上海大学马克思主义学院 ◎ 编

上海書店出版社
SHANGHAI BOOKSTORE PUBLISHING HOUSE

本书为中共黄浦区委宣传部"逐梦新时代·同心奔小康"项目研究成果

上海渔阳里与中国共产党的创建研究丛书

《渔阳里图志》编委会

学术指导顾问：

王乾德　唐培吉　严爱云　成旦红　张载养　熊月之

张　云　陈长璞　苏智良　丁晓强　俞　敏　伊　华

主　任： 徐建刚　忻　平
副主任： 余海虹　王玉峰

委　员：

曹小敏　张　莉　凤懋伦　王国建　叶海涛

李　瑊　江爱群　俞亮鑫　吴　钧

主　编： 李　瑊

徐建刚

经过几年的努力，"上海渔阳里与中国共产党的创建研究丛书"这套令人期待的党史研究丛书，作为上海"党的诞生地挖掘宣传工程"的成果之一，将陆续出版，非常值得祝贺。

中国共产党的诞生，是近代中国一件"开天辟地的大事变"，深刻改变了近代以来中华民族发展的方向和进程，深刻改变了中国人民和中华民族的前途和命运，深刻改变了世界发展的趋势和格局。上海是中国共产党的诞生地，在中国共产党的孕育、诞生过程中，具有特殊的重要地位。近年来，随着国内外大量史料的挖掘公布，中国共产党的创建史研究，已取得了许多重要成果，厘清了许多历史谜团，使人们对中国共产党的创建史有了更加全面的了解。但就总体而言，囿于各方面的条件，中国共产党创建历史的研究，仍然是中国共产党历史研究中相对薄弱的一个环节，这也是李瑊教授主编这套研究丛书的意义所在。

冠以"渔阳里"，这套丛书当然是以渔阳里作为重点研究对象。同以往的中共创建史研究不同，其独特的价值就在于从一个新的视角，以具体的城市空间为切入点，把中国共产党的创建历史置于渔阳里这个上海城市具体区域开展研究。渔阳里是新老渔阳里的泛指，即是现在的南昌路 100 弄 2 号（老渔阳里 2 号）和淮海中路 567 弄 6 号（新渔阳里 6 号）。从中国共产党在上海的创建过程来看，风云激荡，群星璀璨，渔阳里始终是一个最重要的核心活动区域，许多重要的中共创建者，如陈独秀、李达、李启汉、俞秀松、毛泽东、李汉俊、刘少奇等，包括共产国际的代表维经斯基等人，都在这里生活工作，留下了大量印迹。以这一区域为中心，创造了中国共产党历史上的诸多第一：第一个党的组织，第一个团的组织，第一个干部学校（外国语学社），第一份党刊，第一个《共产党宣言》中文版全译本，第一份中国共产党的宣言，等等，包括中国共产党第一次全国代表大会的全部筹备工作，都在此完成。而中国共产党正式成立后，党的中央局领导机关有一年多的时间，也设立于此，可谓地位特殊，意义重大。所以说，中国共产党的成立，同渔阳里密切相关。因此，将渔阳里视为中国共产党最重要的红色起点和源头之一，是实事求是的历史定位。

李瑊教授近年来致力中国共产党创建史的研究，特别是渔阳里历史研究，制定了详细的研究计划，收集整理挖掘了大量相关资料，并在此过程中组建了一个精干务实的研究团队。由她领衔的上海市中共党史学会渔阳里历史文化研究会，自成立以来，举办各类学术论坛、讲座，大力研究和宣传渔阳里的历史，已产生比较大的社会影响，"上海渔阳里与中国共产党的创建研究丛书"，即是近年来研究成果的一次汇集。丛书包括《上海渔阳里：中国共产党的初心孕育之地》《中国共产党渔阳里时期（1920—1922）史料选编》《渔阳里研究文集》《渔阳里图志》《渔阳里人物故事》等。多位研究者从不同的角度，以渔阳里为中心，把人物和事件研究进行了很好地结合，围绕中国共产党的创建开展了深入研究，角度新颖独特，结论令人信服，无疑为深入研究这一课题起到了很好的推动作用。"渔阳里与中国共产党的创建"是多学科的综合研究，特别是将党史同城市史、区域史结合起来，极大地拓展了党史研究的空间和视角，对于新时代如何拓展党史研究的领域和方法，也很具启发意义。

期待未来李瑊教授和渔阳里研究团队能够再接再厉，不断有新的研究成果面世。

是为序。

（作者系中共上海市委党校常务副校长）

目　录

总序　　　　　　　　　　　　　　　　　　　　　　　001

导言　渔阳里，这是一片红色的热土　　　　　　　　001

一　　渔阳里：中国共产党发起组成立地　　　　　　009

二　　渔阳里：理论宣传的重地　　　　　　　　　　043

三　　渔阳里：工人运动的阵地　　　　　　　　　　072

四　　渔阳里：培养人才的基地　　　　　　　　　　090

五　　"渔阳里"的今生　　　　　　　　　　　　　108

渔阳里，这是一片红色的热土

本书所言的"渔阳里"，是位于当年上海法租界的一条南北向的石库门弄堂，南端的建成略早于北端，因而分称老、新。老渔阳里建于 1912 年，新渔阳里建于 1917 年。渔阳里有两座建筑，相距百余米，即环龙路老渔阳里 2 号（今南昌路 100 弄 2 号）、霞飞路新渔阳里 6 号（今淮海中路 567 弄 6 号）。渔阳里与中国共产党的孕育诞生及早期活动紧紧地维系在一起，在中国革命发展历程中具有非常重要的历史地位，这片红色的热土见证了中国共产党的诞生和伟大征程的历史起步，是令人肃然起敬的党史重地。

1849 年法租界正式设立，经过两次扩张，至 1900 年，法租界西界扩展到了今重庆中路和重庆南路；同年淮海中路开始辟筑。[1] 这一区域的各项市政基础设施也随之相继完善。1906 年，法租界公董局于勃吕纳路（淮海中路）和顾家宅一带安装煤气路灯。1907 年 10 月，法国天主教会创办广慈医院；1909 年 7 月，顾家宅公园（今复兴公园）落成开园。

法租界城区的开拓发展对于渔阳里城市空间的结构形态的分异、演变有着明显的影响，城市街区是"同城市交换细胞与养分的

---

[1] 淮海中路辟筑于 1900 年，辟通于 1901 年。辟筑之初，以重庆南路为界，东段名西江路，西段名宝昌路。1906 年 10 月 10 日两段统合，以法租界公董局总董宝昌（Paul Brunat）之名，统称宝昌路，又称勃吕纳路（同名异译）。1915 年 6 月 21 日，法公董局以欧战时法国元帅霞飞（Joffre）之名更名为霞飞路。1943 年 10 月 10 日更名泰山路，1945 年 11 月改称林森中路。1950 年 5 月为纪念淮海战役胜利改名为"淮海中路"。

广慈医院病房楼（今瑞
金医院）（图片来源：马
学强、曹胜梅著：《上海
的法国文化地图》，上
海锦绣文章出版社 2011
年版，第 113 页）

顾家宅公园（今复兴公
园）（图片来源：马学
强、曹胜梅著:《上海
的法国文化地图》，上
海锦绣文章出版社 2011
年版，第 19 页）

社会综合体"，作为上海现代性、公共性的具体表现，其与城市
的发展互为表里。较晚开发、人口较少、环境静雅、规划合理、
设施齐备、交通便捷、少受战乱烦扰，成为"渔阳里"街区的
明显特点。

渔阳里街区自然空间形成过程及形态特征，使其成为具有浓郁政
治色彩的城市聚落。根据统计显示，20 世纪一二十年代前期，入
住渔阳里街区者多为政界人士，亦说明此际适逢渔阳里建成不久，
人迹稀少，可为政治活动提供有利的环境条件。1915 年陈其美在
老渔阳里 5 号设总机关部，策划发动"肇和舰起义"，开展反袁
军事斗争。1916 年，孙中山公开身份，入住环龙路 63 号。1916
年，中华革命党本部事务所由日本东京迁上海，设环龙路 44 号
（今南昌路 180 号）。1919 年 10 月 10 日，中华革命党改名中国国
民党，本部事务所仍设于环龙路 44 号。

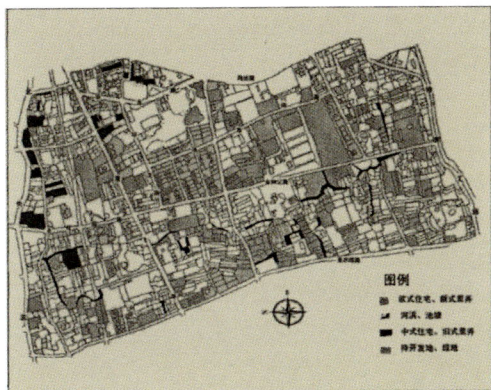

1920年吕班路至亚尔培路地区的土地利用状况（图片来源：牟振宇:《近代上海法租界城市化空间过程研究（1849—1930）》，复旦大学博士论文）

1920年春陈独秀由北京来到上海，寓居老渔阳里2号，他的入住更赋予了渔阳里街区浓郁的政治色彩。以陈独秀寓所老渔阳里2号为中心，这里遂成为早期共产主义者的集聚之地。他们的共同特点是，多有国外留学的背景，文化程度较高，年纪较轻，一般在30岁上下，年龄最大的41岁（陈独秀），最小的只有19岁（沈泽民），他们集学者、革命者、宣传者和教育者等多重角色于一身，积极探索社会改革，在一定程度上有着共同的现实关怀和较为一致的政治认同，从而使得这一群体的空间集聚成为可能。陈望道曾说:"我们几个人都是搞文化的，认识到要彻底改革旧文化，根本改革社会制度，有研究马克思主义的必要。"[1] 可见，以陈独秀为核心，李汉俊、陈望道、俞秀松、李达等人在渔阳里的会集，不是随意的偶然结合，是"主义的集合"，对此，毛泽东在与同学的通信中也有类似的表述:"不可徒然做人的聚集，感情的结合，要变为主义的结合才好。主义譬如一面旗子，旗子立起了，大家才有所指望，才知所趋赴。"[2] 因此毛泽东亦于此际前来拜访陈独秀，自称这是他"一

[1]《陈望道于1956年6月的回忆》（摘录）。中共上海市委党史资料征集委员会主编、陈绍康编著:《上海共产主义小组》，知识出版社1988年版，第98页。
[2]《致罗璈阶信》（1920年11月25日）。中共中央文献研究室、中共湖南省委《毛泽东早期文稿》编辑组编:《毛泽东早期文稿》，湖南出版社1990年版，第554页。

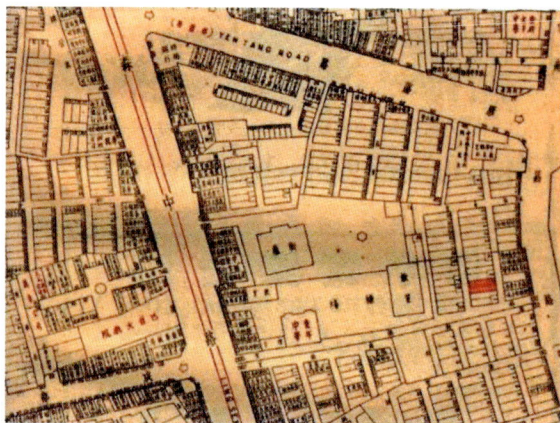

渔阳里（南昌路入口）街区图（图片来源：中共上海市委党史研究室、上海市文物局编：《中国共产党早期在上海史迹》，同济大学出版社 2013 年版，第 94 页）

渔阳里（淮海中路入口）街区图（图片来源：中共上海市委党史研究室、上海市文物局编：《中国共产党早期在上海史迹》，同济大学出版社 2013 年版，第 72 页）

生中最关键时刻"，"到了一九二〇年的夏天，在理论上——某种程度地也在实践上——我成了一个马克思主义者了，而且从此以后我便自认为是一个马克思主义者。"[1] 此际，汇聚渔阳里的知识群英们的联络纽带更多体现在志趣相同以及思想理念的

[1]（美）埃德加·斯诺著，董乐山译：《西行漫记》，生活·读书·新知三联书店 1979 年版，第 134 页。

认同等现代交往形式。正如毛泽东在 1945 年"七大"时所说："那个时候有《新青年》杂志，是陈独秀主编的。被这个杂志和五四运动警醒起来的人，后头有一部分进了共产党，这些人受陈独秀和他周围一群人的影响很大，可以说是由他们集合起来，这才成立了党。"[1]

20 世纪 20 年代的霞飞路街景

1920 年前后，上海有俄国侨民 5 000 多人。图为俄侨在霞飞路（今淮海路）开设的餐厅

渔阳里街区清静幽雅、交通便利的特点，也使得这一街区呈现出明显的国际性特征。特别是 1920 年前后，大批白俄侨民陆续迁沪，并聚居于法租界霞飞路与金神父路环周，形成了东起吕班

---

[1]《中国共产党第七次全国代表大会的工作方针》（一九四五年四月二十一日）。中共中央文献研究室编：《毛泽东在七大的报告和讲话集》，中央文献出版社 1995 年版，第 9 页。

原老渔阳里 5 号甲北外墙上的坊额，今位于黄浦区七色花小学围墙边

曾被砌在老渔阳里 2 号门前地上的铭德里坊额（图片来源：许洪新著：《独目斋史志文集》第二卷，上海文化出版社 2021 年版，第 739 页）

路（今重庆南路）、西至亚尔培路（今陕西南路）、南自辣斐德路（今复兴中路）、北到巨籁达路（今巨鹿路）的俄侨社区。当俄共（布）远东局海参崴分局外国处全权代表维经斯基到中国后，即租住在法租界霞飞路 716 号，"常到渔阳里 2 号同陈独秀密商组织共产党问题"[1]。

20 世纪初年适逢中国社会转型时期，上海城市集聚展示的现代性、国际性、公共性最具典型代表意义。正是由于"渔阳里"街区的空间形态、功能特点、人文环境，使其成为中国共产党初

[1]《袁振英的回忆》。中共东莞市委党史研究室编：《袁振英研究史料》，中共党史出版社 2014 年版，第 509 页。

位于南昌路 100 弄、102 弄的渔阳里入口（南端入口，即人们所称的"老渔阳里"）

位于淮海中路 567 弄的渔阳里入口（北端入口，即中国社会主义青年团中央机关旧址纪念馆入口，即人们所称的"新渔阳里"）

位于上海复兴公园（原顾家宅公园）内的马克思、恩格斯雕像

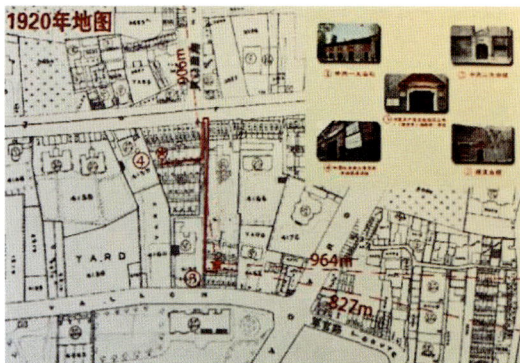

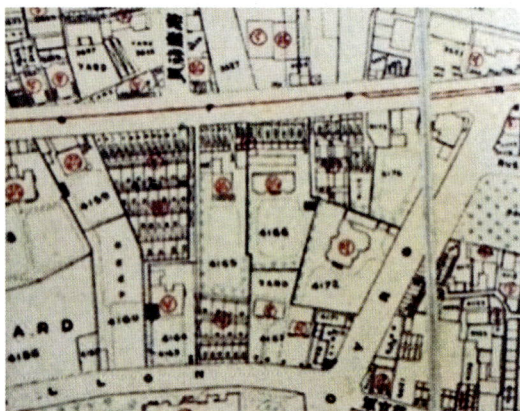

在 1920 年地图上标注的方位图：新老渔阳里、中共一大会址、中共二大会址、博文女校（图片来源：《法租界扩展区域图》，孙逊、钟翀主编：《上海城市地图集成》，上海画报出版社 2017 年版）

创时期的重地。[1] 中国先进知识分子在"渔阳里"完成了精英集聚、理论宣传、阶级动员、人才培养、组织创建等项工作，他们以群体的力量共同努力，为新型无产阶段政党的创建奠定了坚实的基础。

---

[1] 1920 年 12 月，陈独秀去广州工作，李达仍居住在老渔阳里 2 号。1921 年春夏，李达、李汉俊等人在此筹备中国共产党第一次全国代表大会，致函各地，委派代表，确定会议地点和日程。7 月 30 日晚上中共一大会议被法租界巡捕干扰中断，包惠僧回忆中提及，当晚众人回到老渔阳里二号再作商议的情况："当夜我们到李达家里会谈（在渔阳里二号，这里是陈独秀的住宅，李达也住在此处）。"（包惠僧著：《包惠僧回忆录》，人民出版社 1982 年版，第 24、25 页）中共一大选举成立了由陈独秀、张国焘、李达组成的中央局，陈独秀为书记。1921 年 9 月后，陈独秀从广东返沪专任党中央工作，仍居住在老渔阳里 2 号。直到 1922 年 9 月陈独秀搬离渔阳里，老渔阳里 2 号作为中共创建初期的决策中心和中央机关所在地的历史任务结束。

渔阳里：中国共产党发起组成立地

1919 年五四运动爆发后，为声援北京学生的爱国运动，陈独秀亲自撰写了《北京市民宣言》。1919 年 6 月 11 日晚，他与同事、学生在北京新世界游艺场楼顶散发传单时，不幸被埋伏的警察逮捕。后经李大钊、胡适等人及社会各界多方营救，陈独秀于 9 月 16 日被保释出狱。1920 年初，陈独秀由北京经上海赴武汉。回京后警察上门盘查，为避免再次被捕，陈独秀由李大钊护送，由北京至天津，于 1920 年 2 月悄然来到上海。3 月入住法租界环龙路老渔阳里 2 号，开始了筹建新型先进政党的政治实践。

陈独秀是"思想界的明星"，又是"五四运动的总司令"，他以深厚的精神魅力和思想影响力，吸引了一批朝气蓬勃、富有理想的年轻人，其中包括从日本归来的李汉俊、陈望道、李达等人，毛泽东亦于此际途经上海，曾到老渔阳里 2 号拜访陈独秀。聚集在陈独秀周围的精英群体是"那批有志于搞政治而倾向于马列主义的新朋友"，[1] 他们构成了上海共产党早期组织的主要成员。

与此同时，俄共（布）远东局海参崴分局外国处全权代表维经斯基来华，经由北京来沪，在老渔阳里 2 号会见陈独秀等人，商讨创建共产党的事宜。1920 年 6 月，陈独秀、李汉俊、俞秀

---

[1] 胡适：《"问题"与"主义"之争：我和马克思主义者冲突的第一回合》。（美）唐德刚译注：《胡适口述自传》，华东师范大学出版社 1993 年版，第 195 页。

松、施存统、陈公培在老渔阳里 2 号开会，决定成立共产党，当时名为"社会共产党"，选举陈独秀为书记，并起草了具有党纲、党章性质的若干条文。8 月，陈独秀与李大钊商议决定，确定组织名称为共产党。上海的共产党早期组织成立后，即致函各地；11 月拟订了《中国共产党宣言》。上海的共产党早期组织在筹建全国政党的过程中发挥了重要的组织和发起作用，因此被称为"中国共产党发起组"。1921 年春开始筹备党的第一次全国代表大会。中共一大后，以陈独秀为首的中央局也驻守于此。

五四运动后，人们开始更多地以社团的形式开拓社会实践和政治活动的空间。陈独秀 1920 年春寓居上海，以他为核心的先进知识分子为从事相应的理论宣传、人才培养等活动，成立了各类组织。1920 年 5 月，陈独秀邀请李汉俊、陈望道、邵力子等人成立马克思主义研究会。6 月讨论筹建共产党，8 月成立了中国第一个共产党组织，并正式定名为"共产党"；[1] 同时，出于培养人才的目的，创建了上海社会主义青年团、外国语学社。

从组织建构的角度来说，渔阳里是中国第一个共产党组织的创建地。"共产党"的名称在此确立，中共一大会议在此筹备，中国共产党第一届中央局在此驻守。

---

[1]《中国共产党历史》第一卷载：在 1920 年 8 月在上海法租界老渔阳里 2 号《新青年》编辑部正式成立了"中国第一个共产党早期组织"，取名为"中国共产党"，"陈独秀为书记"。中共中央党史研究室著：《中国共产党历史》第一卷上册，中共党史出版社 2011 年版，第 59 页。

1911 年 　10 月 10 日　武昌首义爆发，由此展开的辛亥革命推翻了中国二千多年的封建帝制。

1916 年 　6 月　孙中山与宋庆龄租住环龙路 63 号（今南昌路 59 号），这是孙中山在上海最早的住所。

环龙路 63 号孙中山寓所历史照片（图片来源：上海市博物馆、上海市档案馆编：《孙中山与上海：文物文献档案图录》，上海书店出版社 2006 年版，第 163 页）

1917 年春，孙中山在上海环龙路寓所前

本年　中华革命党本部事务所由日本东京迁上海，设于环龙路 44 号（今南昌路 180 号）。1919 年 10 月 10 日，中华革命党改名中国国民党，本部事务所仍设于环龙路 44 号。

第一次国共合作时期国民党中央上海执行部旧址（原环龙路 44 号，今南昌路 180 号）

1917 年

11 月　俄国十月革命爆发。

1919 年 | 5月4日　五四运动爆发。

五四运动的雕塑

"五四"当天北京学生在游行

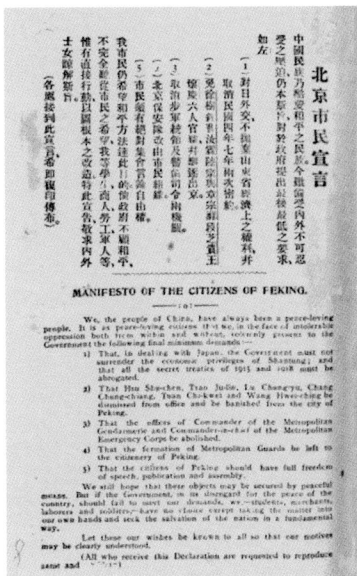

五四运动时期，陈独秀撰写并印制的中英文对照的《北京市民宣言》

6月8日　陈独秀（署名"只眼"）在《每周评论》发表《研究室与监狱》："世界文明发源地有二，一是科学研究室，一是监狱。我们青年要立志出了研究室就入监狱，出了监狱就入研究室，这才是人生最高尚优美的生活。"

6月11日 当晚，陈独秀、高一涵等人在北京新世界游艺场楼顶散发《北京市民宣言》传单，陈独秀当场被京师警察厅逮捕。

北京新世界游艺场

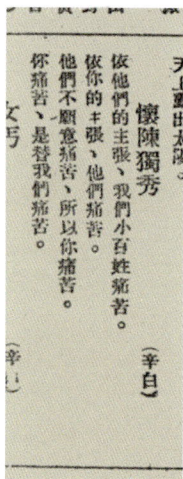

辛白：《怀陈独秀》："依他们的主张，我们小百姓痛苦。依你的主张，他们痛苦。他们不愿意痛苦所以你痛苦，你痛苦是替我们痛苦。"[1]

---

[1]《每周评论》，1919年第30期（第三版）。

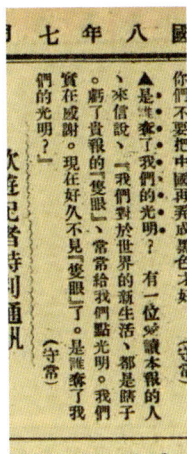

李大钊为陈独秀入狱撰文：
《是谁夺了我们的光明？》[1]

9月16日 经蔡元培、李大钊、胡适等社会各界人士多方营救，陈独秀被保释出狱。

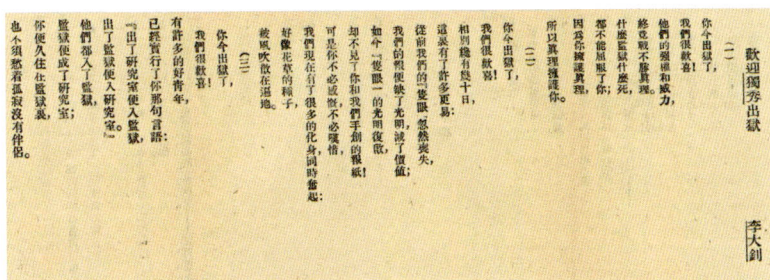

1919年9月李大钊为陈独秀出狱而写的《欢迎独秀出狱》

你今出狱了，我们很欢喜！
他们的强权和威力，终究战不胜真理。
什么监狱什么死，都不能屈服了你；
因为你拥护真理，所以真理拥护你。
……
你今出狱了，我们很欢喜！
有许多的好青年，已经实行了你那句言语：

[1]《每周评论》，1919年第30期（第四版）。

"出了研究室便入监狱，出了监狱便入研究室。"
他们都入了监狱，监狱便成了研究室；
你便久住在监狱里，也不须愁着孤寂没有伴侣。

1920年　1月29日　陈独秀抵达上海。

陈独秀（1879—1942）

《民国日报》1920年1月31日刊载
消息：《陈独秀君已抵沪》

2月2日　陈独秀乘"大通"轮由沪去汉。

2月4日　陈独秀抵汉口，住文华书院。其间多次发表讲演，宣传新文化运动和社会主义。

2月7日　陈独秀离开汉口返回北京。
陈独秀回京后被警察上门盘查，为避免被再次拘捕，陈独秀由李大钊亲自护送至天津。然后由天津来到上海。其间"南陈北李相约建党"，开始了创建新型无产阶级政党的政治实践。

李大钊（1889—1927）

2月19日　陈独秀抵达上海。

二三月间，陈独秀在亚东图书馆暂居，多次会见北京学生联合会代表罗家伦、许德珩、张国焘等人，宣传马克思主义，提出中国必须走俄国革命的道路，彻底推翻军阀主义。[1]

3月27日　俞秀松抵沪，住《星期评论》社，并在该刊工作。

3月　陈独秀入住老渔阳里2号。《新青年》杂志编辑部即设在陈独秀寓所。

环龙路老渔阳里2号（今南昌路100弄2号）

[1] 唐宝林、林茂生：《陈独秀年谱》，上海人民出版社1988年版，第115页。

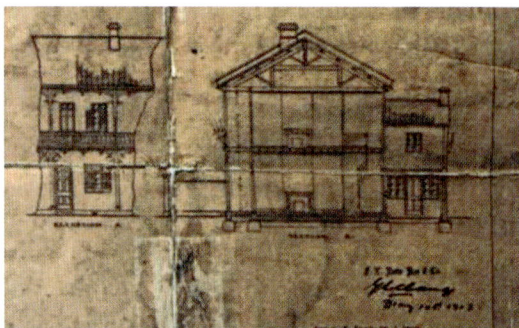

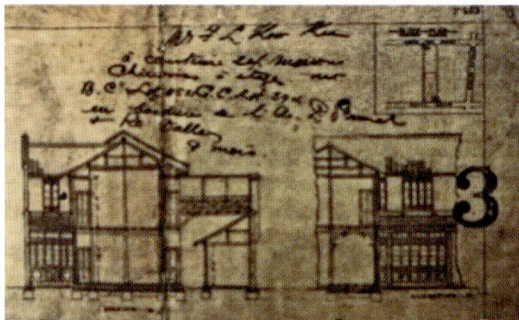

老渔阳里2号建筑
结构剖面图（图片来
源：中共上海市委党
史研究室、上海市文
物局编：《中国共产
党早期在上海史迹》，
同济大学出版社 2013
年版，第 94 页）

老渔阳里2号陈独
秀寓所二楼卧室的
窗格

老渔阳里2号是老式石库门里弄住宅，砖木结构，二层楼房，进大
门有天井，中间是客堂。客堂后有小天井，再后是灶间，有后门通
向弄堂，客堂的左边是前、后、中三个厢房。楼上，前面是统厢
房，即陈独秀的卧室兼书房，厢房的隔壁是客堂楼，后有晒台。[1]

[1] 任建树：《陈独秀大传》，上海人民出版社 2012 年版，第 160 页。

3月　李大钊组织北京大学马克思学说研究会。这是中国最早的学习和研究马克思主义的团体。

4月　俄共（布）远东局海参崴分局外交处全权代表维经斯基（中文名吴廷康）及其随行人员，包括维经斯基夫人库兹涅佐娃、翻译杨明斋等人，经李大钊介绍由北京来上海，会见陈独秀、李汉俊、沈玄庐等人，了解中国的政治情况，介绍俄国十月革命，商讨发起建立中国共产党的事宜。

维经斯基（1893—1953）

维经斯基以《生活报》记者身份来沪，租住在法租界霞飞路716号。

《俄文生活报》

《俄文生活报》社旧址（今长治路177号）

李汉俊（1890—1927）

俞秀松（1899—1939）

施存统（1899—1970）

3月　陈公培因准备赴法勤工俭学，从北京至上海，在老渔阳里2号参加了建党活动。

陈公培（1901—1968）

4月　陈望道到上海，参加《新青年》杂志的编辑工作。

陈望道（1891—1977）

5月　共产国际东方书记处在上海秘密设立，下辖中国、日本和朝鲜三科。

中国科的工作：依靠工人和学生组织，该科在北京、上海、天津、广州、汉口、南京等地为共产主义组织打下了基础。最近要为最终成立中国共产党举行代表大会。[1]

----

[1]《维连斯基－西比里亚科夫就国外东亚人民工作给共产国际执委会的报告》。中共中央党史研究室第一研究部译：《联共（布）、共产国际与中国国民革命运动（1920—1925）》，北京图书馆出版社 1997 年版，第 40 页。

5月5日　毛泽东由北京到上海，从事驱逐湖南军阀张敬尧的"驱张运动"的宣传，住哈同路民厚南里29号。其间到老渔阳里2号拜访陈独秀，讨论组织湖南改造促成会的计划和自己读过的马克思主义书籍。

哈同路民厚南里29号（今安义路63号）

"一九一九年我第二次前往上海。在那里我再次看见了陈独秀。我第一次同他见面是在北京，那时我在国立北京大学。他对我的影响也许超过其他任何人。那时候我也遇见了胡适，我去拜访他，想争取他支持湖南学生的斗争。在上海，我和陈独秀讨论了我们组织'改造湖南联盟'的计划。"

"一九二一年五月，我到上海去参加中国共产党的成立大会。在这个组织中间主要的领袖人物是陈独秀和李大钊。两个人都是中国最有名的知识界的领袖。我在北大任图书馆助理员的时候，在李大钊领导之下，我就很快地发展走上马克思主义之路。我对于这方面的兴趣的发展，陈独秀的助力也不小。在我第二次到上海的时候，我曾经和陈独秀讨论我所读过的马克思主义的书籍。而陈的坚决的信仰，在我生活中，这一个转变的时期，对于我的影响是极其深刻的。"[1]

---

[1]《一个共产党员的由来》。（美）埃德加·斯诺著，董乐山译：《西行漫记》，生活·读书·新知三联书店1979年版，第133—135页。

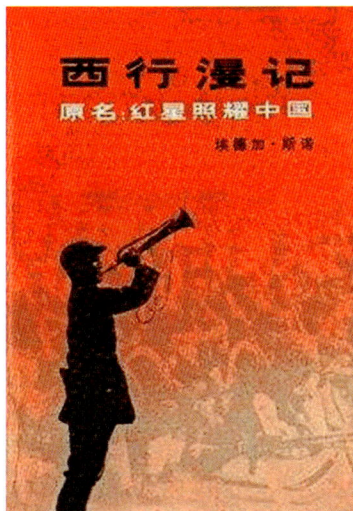

（美）埃德加·斯诺著《西行漫记》

6月　陈独秀、李汉俊、俞秀松、施存统、陈公培五人在老渔阳里2号商议发起成立共产党。选举陈独秀为书记，这是中国的第一个共产党早期组织。当时，围绕组织名称进行了讨论。随后，陈独秀征求李大钊的意见，8月正式定名为"共产党"。[1]

陈列于老渔阳里2号二楼室内的油画，右起：施存统，李汉俊，陈独秀，俞秀松，陈公培

[1] 中共中央党史研究室编：《中国共产党历史》第一卷（1921—1949）上册（中共党史出版社出版 2002 年版）第 59 页，中共中央党史研究室著：《中国共产党的九十年》（中共党史出版社、党建读物出版社 2016 年版）第 28 页，都有记载："上海的组织一开始就叫中国共产党。"

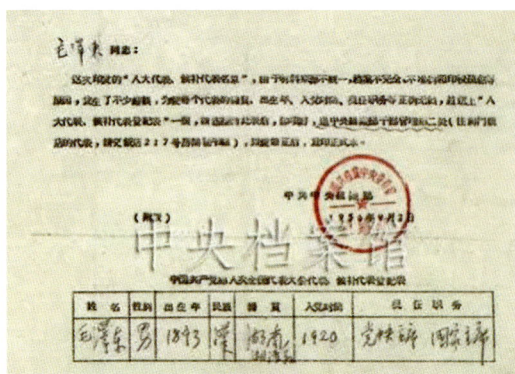

7月5—7日　苏俄政府外交人民委员部驻远东全权代表维连斯基-西比里亚科夫主持召开在华工作的俄共（布）党员代表会议。会议的议题是：1. 我们工作的成果。2. 即将举行的中国共产主义组织代表大会和中国共产党的成立。3. 出版、报道工作。4. 在日本的工作。[1]

7月19日　在维经斯基等人帮助下，在上海召开了传播马克思主义的中国积极分子会议。陈独秀、李汉俊等出席，坚决赞成建立中国共产党。

据维经斯基 1920 年 8 月 17 日给俄共（布）中央西伯利亚局东方民族处的信函记载：在上海成立了革命局，由五人组成，4 名中国革命者和我；下设三个部：出版部、宣传报道部、组织部。宣传报道部成立了俄华通讯社，该社为中国 31 家报纸提供消息；组织部开展学生工作，并派人开展工人、士兵工作；在中国各工业城市建立与上海革命局相类似的局，然后借助于局代表会议把工作集中起来；把各种革命学生团体组织起来，建立一个总的社会

---

[1]《维连斯基-西比里亚科夫就国外东亚人民工作给共产国际执委会的报告》。中共中央党史研究室第一研究部译：《联共（布）、共产国际与中国国民革命运动（1920—1925）》，北京图书馆出版社 1997 年版，第 41—42 页。

主义青年团。[1]

8 月　上海的共产党组织在老渔阳里 2 号正式成立，定名为"共产党"，陈独秀为书记。最早的成员有：陈独秀、李汉俊、俞秀松、陈望道、杨明斋、李达、邵力子、沈玄庐等。上海的共产党早期组织通过写信联系、派人指导等方式，积极推动各地共产党早期组织的建立，实际上起着中国共产党发起组的作用。

李大钊纪念馆中的"南陈北李"雕像

8 月　李达从日本回国，寓居老渔阳里 2 号。

李达（1890—1966）

8 月 22 日　上海社会主义青年团成立。

---

[1]《维经斯基给俄共（布）中央西伯利亚局东方民族处的信》。中共中央党史研究室第一研究部译：《联共（布）、共产国际、与中国国民革命运动（1920—1925）》，北京图书馆出版社 1997 年版，第 31—33 页。

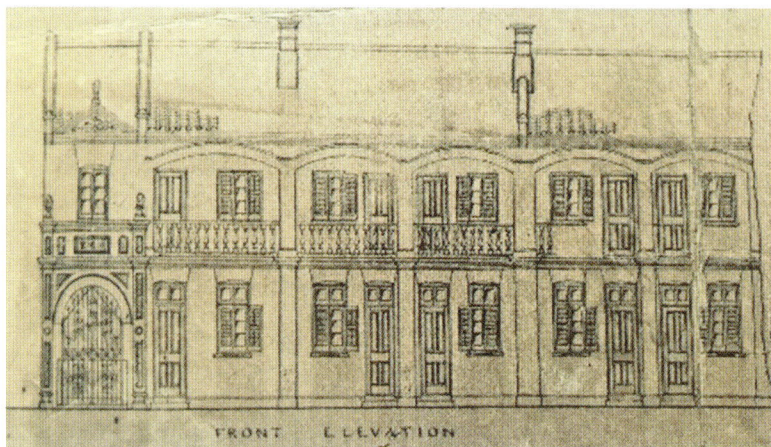

新渔阳里淮海路沿街立面设计
图（图片来源：中共上海市委
党史研究室、上海市文物局
编：《中国共产党早期在上海
史迹》，同济大学出版社2013
年版，第73页）

霞飞路新渔阳里6号（今淮海中
路567弄6号）

10月，在北京大学图书馆李大钊办公室，北京共产党早期组织正式成
立，当时取名为"共产党小组"。同年年底决定成立共产党北京支部。

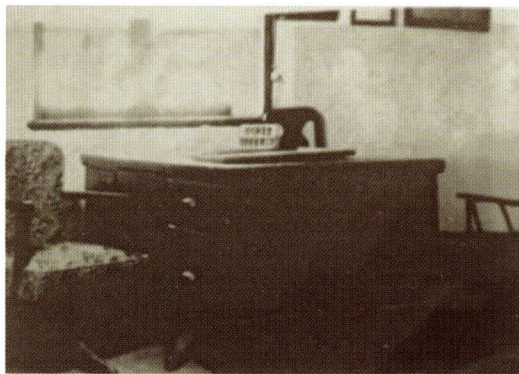

北京大学图书馆李大
钊办公室

本年秋，李汉俊致函董必武、张国恩，要他们在武汉筹建共产党组织。

11月　中国共产党发起组起草了《中国共产党宣言》，从共产主义者的理想、共产主义者的目的、阶级争斗的最近状态三个方面阐述了党的政治主张。《中国共产党宣言》虽然没有公开发表，但它第一次比较系统地表达了中国共产主义者的理想和奋斗目标，无产阶级专政的国际意义和任务，并以此作为收纳党员的标准。它不仅正式确定了"中国共产党"的名称，也为全国各地发展组织和吸收党员提出了统一的原则。

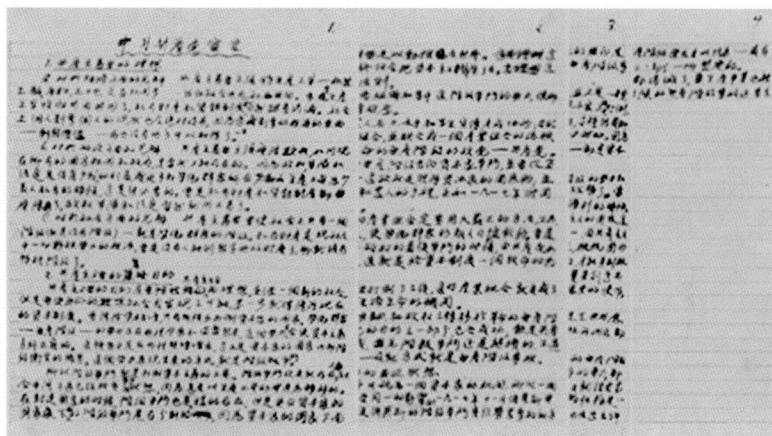

中国共产党发起组制定的《中国共产党宣言》

11 月 7 日　创办《共产党》月刊，这是中国共产党发起组的内部理论刊物，主编李达。次年停刊，共出 6 期。

11 月　应陈独秀函约，毛泽东创建长沙共产党早期组织。参加发起者，还有何叔衡、彭璜、贺民范等。[1]

12 月　林伯渠到上海，在渔阳里见到陈独秀。

12 月 17 日　陈独秀去广州担任广东教育委员会委员长。上海共产党组织书记职务交由李汉俊代理（1921 年 2 月后由李达代理）。《共产党》交由李达主编，《新青年》交由陈望道主编。

本年　谭平山等人创办《广东群报》，成为"专为宣传新文化的机关"。

---

[1] 中共中央文献研究室编：《毛泽东年谱》（1893—1949）上卷，人民出版社、中央文献出版社 1993 年版，第 81 页。

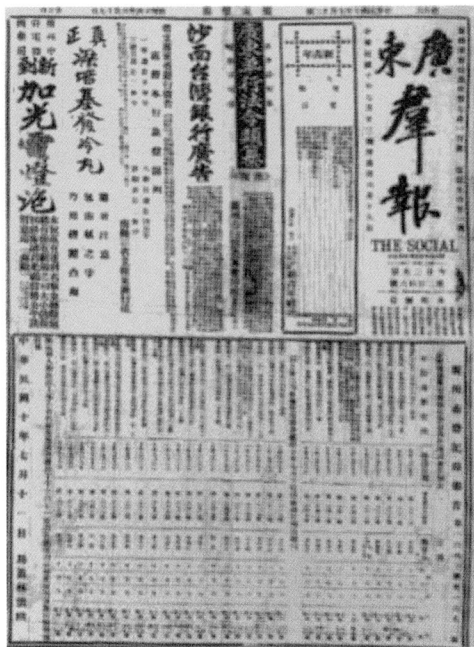

《广东群报》

1921 年

1920 年底 1921 年初　中国共产党发起组成立职工运动委员会和教育委员会。

1 月 21 日　毛泽东复信正在法国留学的蔡和森：关于组党一事，陈仲甫先生等已在进行；并赞扬上海出版的《共产党》刊物"旗帜鲜明"。[1]

3 月　在中国共产党发起组主持下，上海第一次庆祝三八国际妇女节的活动在霞飞路渔阳里 6 号举行。

3 月 29 日　俞秀松作为正式代表，赴苏俄参加青年共产国际第二次代表大会和共产国际第三次代表大会。

---

[1] 中共中央文献研究室编：《毛泽东年谱》（1893—1949）上卷，人民出版社、中央文献出版社 1993 年版，第 89 页。

4月　施存统、周佛海接受陈独秀的提议，成立旅日共产党早期组织。据施存统回忆："我于一九二〇年六月二十日去东京，与周佛海取得联系，成立日本小组，陈独秀来信，指定我为负责人。"[1]

本年春　广州共产党早期组织在陈独秀的主持下，"开始成立真正的共产党"，以《广东群报》为机关报。

本年春　陈独秀写信给山东王乐平，请他帮助建立共产党组织。王乐平向陈独秀推荐了王尽美、邓恩铭。济南共产党早期组织成立。

济南共产党早期组织的活动地点，济南齐鲁书社旧址（济南大布政司街 20 号）

本年春　张申府、赵世炎、周恩来等人在法国巴黎建立旅法共产党早期组织。

6月　上海的共产党早期组织以老渔阳里 2 号为联络处，由李达、李汉俊等人负责筹备，致函各地委派 2 名代表前来上海参会，确定会议地点和日程。

6月初　共产国际代表马林和尼克尔斯基先后到沪，经商议决定于 7 月下旬召开中国共产党第一次全国代表大会。

---

[1] 中国社会科学院现代史研究室，中国革命博物馆党史研究室选编：《"一大"前后：中国共产党第一次代表大会前后资料选编》（二），人民出版社 1980 年版，第 36 页。

马林（1883—1942）

尼科尔斯基（1889—1938）：俄国人。
受共产国际远东书记处派遣前来中国，
参加中共一大

6月4日　俞秀松获得共产国际执行委员会书记签发的参加青年共产国际代表大会和共产国际第三次代表大会代表的委任状。

俞秀松的委任状

任命俞秀松同志为中国社会主义青年团参加青年共产国际大会和共产国际第三次代表大会的代表，特颁发此状。有效期至 1921 年 7 月 1 日。

共产国际执行委员会书记 M·科别茨基

地址：莫斯科阿尔巴特大街杰涅日纳 5 号，电话 11–57[1]

6 月 22 日—7 月 12 日　共产国际三大在莫斯科大剧院及克里姆林宫等地召开。张太雷、俞秀松等作为中国共产党代表出席。

共产国际三大会址莫斯科大剧院

7 月 10 日　张太雷向共产国际第三次代表大会提交了中国共产党的报告。

张太雷（1898—1927）

[1] 中共一大会址纪念馆编：《中共首次亮相国际政治舞台（档案资料集）》，上海人民出版社 2016 年版，第 115 页。

张太雷、俞秀松为江亢虎参加共产国际代表大会的资格问题，致共产国际领导人季诺维也夫的信（译件）

7月9日—23日 青年共产国际二大在莫斯科齐明歌剧院举行。

7月23日 中国共产党第一次全国代表大会在望志路106号（今兴业路76号）召开。会议的筹备工作在老渔阳里2号等处进行。

陈独秀在广州，未有赴会，写了四点建议，由陈公博带给大会：一、征求党员；二、遵循民主集中制的组织原则；三、注意纪律；四、目前主要的工作为争取群众，为将来夺取政权作准备。[1]

中共一大会址

[1] 张国焘：《我的回忆（第一册）》，东方出版社1991年版，第136、147页。

参加会议的代表有：上海的李达、李汉俊，北京的张国焘、刘仁静，长沙的毛泽东、何叔衡，武汉的董必武、陈潭秋，济南的王尽美、邓恩铭，广州的陈公博，旅日的周佛海；包惠僧受陈独秀派遣出席了会议。共产国际马林和尼克尔斯基出席会议。

中共一大代表住宿的博文女校，上海白尔路（后称蒲柏路）389 号（今太仓路 127 号）

7月30日　中共一大会议因法租界密探闯入而中断。当夜，李达、毛泽东等部分代表，在老渔阳里 2 号讨论继续会议的办法。

"当夜我们到李达家里会谈（在渔阳里 2 号，是陈独秀的住宅，李达也住在此处）。大家的意见，明天的会，要改地方，即决定以游览的姿态到嘉兴南湖找一只大船，尽一日之长来结束这个会。"[1]

[1] 包惠僧著：《包惠僧回忆录》，人民出版社 1982 年版，第 6 页。

王会悟（1898—1993）

7月　俞秀松等人为反对江亢虎参会问题，向共产国际提交《参加青年共产国际第二次代表大会的中国社会主义青年团代表团致第三国际资格审查委员会的声明》。

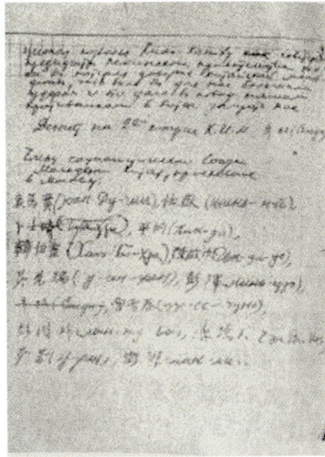

《参加青年共产国际第二次代表大会的中国社会主义青年团代表团致第三国际资格审查委员会的声明》（1921 年 7 月）（图片来源：中共一大会址纪念馆编：《中共首次亮相国际政治舞台（档案资料集）》，上海人民出版社 2016 年版，第 158 页）

俞秀松（坐者右四）、张太雷（站者左五）、瞿秋白（站者左四）、陈为人（坐者左四）出席共产国际三大和青年共产国际二大会议期间与各国部分代表的合影

7月底8月初　中共一大代表转移到浙江嘉兴南湖一艘游船上，完成了一大会议议程。[1]大会选举陈独秀、张国焘、李达组成中央局，陈独秀为书记，张国焘负责组织，李达负责宣传。

中共一大会址之一的嘉兴南湖游船

8月11日　中国劳动组合书记部在上海成立，是中国共产党公开领导工人运动的总机关。

[1] 党的一大转移到嘉兴的日期，又有7月31日、8月2日、8月5日等几种说法。

9月27日　俞秀松作为中国共产党的代表，就姚作宾参加共产国际代表大会资格问题，向共产国际远东书记处作书面声明。

9月　陈独秀辞去广东全省教育委员会委员长职务，返沪专任中央局书记，主持中央工作，仍居住在老渔阳里2号。

10月4日　老渔阳里2号遭到法租界巡捕房的查抄，陈独秀和夫人高君曼，以及包惠僧、杨明斋、柯庆施等人同时被拘押。

10月26日　经过各方努力营救，陈独秀取保候审予以释放，法租界当局以《新青年》有"过激言论"，罚款结案。陈独秀继续居住在老渔阳里2号。

11月　陈独秀以中央局书记名义发出《中国共产党中央局通告》，要求上海、广东等各地建立区执行委员会；并提出各地应建立与发展党、团、工会组织，切实注意劳动运动、青年运动及妇女运动；开展宣传工作等问题。[1]

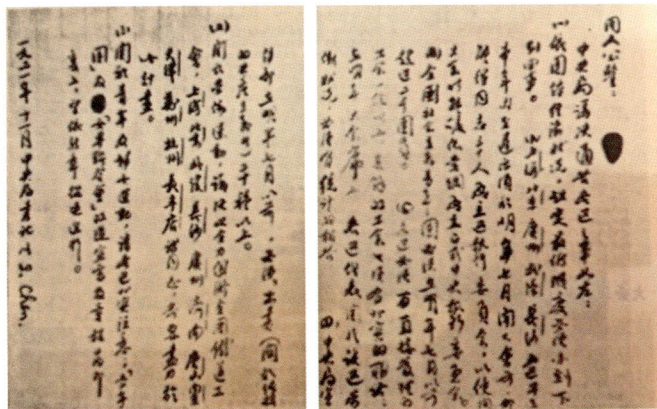

1921年11月由陈独秀签署的《中国共产党中央局通告》

---

[1] 中央档案馆编：《中国共产党第一次代表大会档案资料》（增订本），人民出版社1984年版，第33页。

1922 年

4 月 6 日 陈独秀致函吴廷康，表示反对马林关于"中国共产党及社会主义青年团均加入国民党"的提议，并要求吴廷康向共产国际代陈。[1]

6 月 15 日 中共中央发表《第一次对于时局的主张》，第一次提出：中国实际上仍是由军阀掌权的半独立的封建国家。[2]

6 月 30 日 陈独秀以中共中央局书记名义起草给共产国际的报告，谈及组织发展、政治宣传、劳动运动的情况及将来计划。[3]

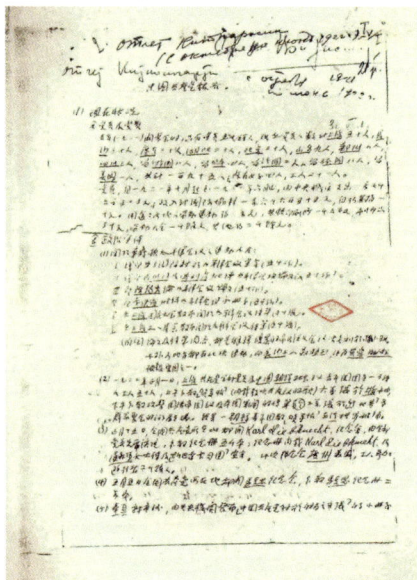

陈独秀给共产国际的报告手稿
（图片来源：中共一大会址纪念
馆编：《点亮中国》，上海书画
出版社 2019 年版，第 110 页）

---

[1]《陈独秀致吴廷康的信》（一九二二年四月六日）。中央档案馆编：《中共中央文件选集（一九二一——一九二五）》第一册，中共中央党校出版社 1989 年版，第15 页。

[2]《中共中央第一次对于时局的主张》（一九二二年六月十五日）。中央档案馆编：《中共中央文件选集（一九二一——一九二五）》第一册，中共中央党校出版社 1989年版，第16—26 页。

[3]《中共中央执行委员会书记陈独秀给共产国际的报告》（1922 年 6 月 30 日）。中共中央党史研究室、中央档案馆编：《中国共产党第一次全国代表大会档案文献选编》，中共党史出版社 2015 年版，第 38—43 页。

7月16日至23日　中国共产党第二次全国代表大会在上海召开。第一天会议在公共租界南成都路辅德里625号（现成都北路7弄30号）举行。

中共二大会址纪念馆，辅德里625号

辅德里二楼李达的卧室

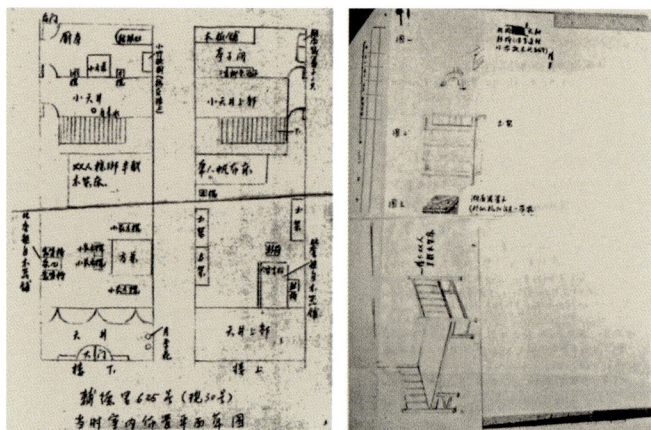

1960年2月王会悟提供的中共二大会址当年的室内平面图（图片来源：中共上海市委党史研究室、上海市文物局编：《中国共产党早期在上海史迹》，同济大学出版社2013年版，第20页）

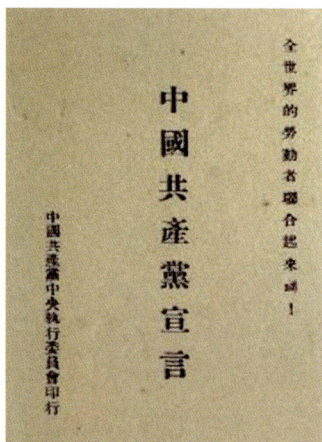

中共二大通过的《中国共产党宣言》

7月18日　中国劳动组合书记部被租界捕房查抄、封闭，后迁往北京。

8月9日　陈独秀在环龙路家中被拘捕。上海、北京等地报刊连续发表消息和通电，谴责反动当局，呼吁立即释放。

8月15日　北京《晨报》刊载中国社会主义青年团、马克思学说研究会等十团体《为陈独秀被捕事敬告国人》的宣言书。

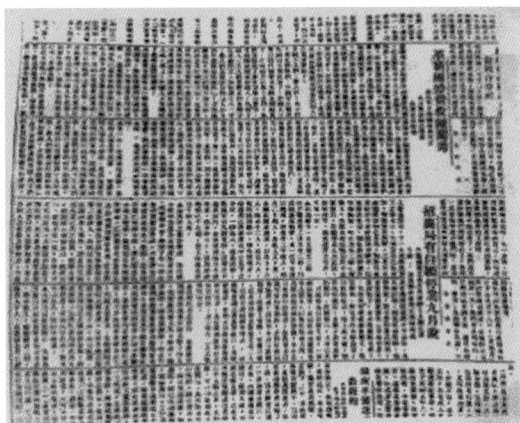

《为陈独秀被捕事敬
告国人》宣言书

8月18日 在各方舆论压力下，法租界当局被迫释放陈独秀。

8月29日至30日 中共中央特别会议在杭州召开，史称"西湖会议"，讨论中共党员加入国民党，实现国共合作的问题。

9月4日 孙中山在寓所召开会议，研究改组国民党的计划。马林、陈独秀、张太雷应邀与会。

9月24日 蔡元培、李大钊等人署名发表《为陈独秀君募集讼费启事》。

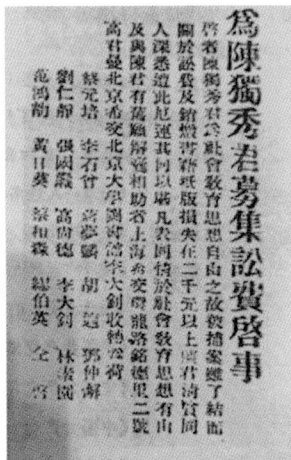

蔡元培等人为陈独秀募集讼费启事

10月初　陈独秀与刘仁静一起赴苏，参加共产国际第四次代表大会。

1922年11月—12月，陈独秀参加共产国际第四次代表大会时的照片，前排左一为陈独秀，后排左一为瞿秋白

10月　中央机构迁往北京，至此老渔阳里2号作为中共中央机构所在地的历史任务结束。

渔阳里：理论宣传的重地

在"上海新学书报风行"的社会环境中，上海共产党早期组织成员通过创办刊物，设立出版机构等多种途径，翻译和宣传马克思主义思想，加大宣传革命理论的广度和力度。

诞生于 19 世纪中叶的马克思主义理论本身所具有的鲜明的科学性、阶级性、实践性及博大精深的思想特征，为探索中的中国人民提供了解难释疑的思想武器，而此际作为马克思主义实践成果的俄国十月革命的胜利，适时提供了一个将社会主义由理论转化为实践、由理想转为现实的可操作的"范式"，促使中国的先进分子开始把自己的目光从西方转向东方、从资产阶级民主主义转向社会主义。这一"转向"对中国反帝反封建的民族民主革命进程产生了深刻影响，给予中国的先进分子以新的革命方法的启示。

1920 年春陈独秀寓居上海，影响巨大深远的《新青年》的编辑部即设在老渔阳里 2 号陈家。1920 年 8 月，成立新青年社，这是中国共产党发起组建立的第一个出版机构，专事出版发行《新青年》《劳动界》等，因此，《新青年》杂志从第八卷第一号开始与群益书店脱离，正式成为上海共产党早期组织的机关刊物，还特设"俄罗斯研究"专栏，开展社会主义讨论。该刊在全国各地拥有大量读者，销售量达"一万五六千本"，成为宣传马列主义理论和思想的重要阵地。1920 年 8 月 15 日，《劳动界》周刊创刊，这是最早向工人阶级宣传马克思主义的通俗刊物，陈独秀、李汉俊为发起人，并主持编辑；1920 年夏，又成立又新印刷所，印刷陈望道翻译的《共产党宣言》第一个中文全译本；1920 年 11 月 7 日，创办《共产党》月刊，这是上海共产党早期组织的内部理论刊物，李达担任主编；1921 年 6 月，以树德里李书城寓所为通讯处，组建新时代丛书社，出版《新时代丛书》，扩大马克思主义著作的出版渠道。这些刊物的编辑部和出版机构，除新时代丛书社址位于望志路，又新印刷所位于辣斐德路成裕里（复兴中路 221 弄）12 号外，其余都设在渔阳里区域内，形成了一个以老渔阳里 2 号《新青年》编辑部为核心，包括新渔阳里 6 号、望志路 106 号，和白尔路三益里 5 号及 17 号在内的具有全国影响的马克思主义宣传与出版中心。

《新青年》等报刊借助上海先进的出版发行机制、发达的通讯网络，积极宣传马克思主义，为中国共产党的创建奠定了理论基础，在这一过程中，渔阳里群英功不可没。

1915 年 | 9 月 15 日　陈独秀在上海嵩山路南口吉益里创办《青年杂志》。

《新青年》原名《青年杂志》（LA JEUNESSE），第二卷起改称《新青年》，群益书社发行。该杂志发起新文化运动，宣传倡导科学（"赛先生"，Science）、民主（"德先生"，Democracy）和新文学，是五四运动时期影响深远的杂志。

《青年杂志》创刊号

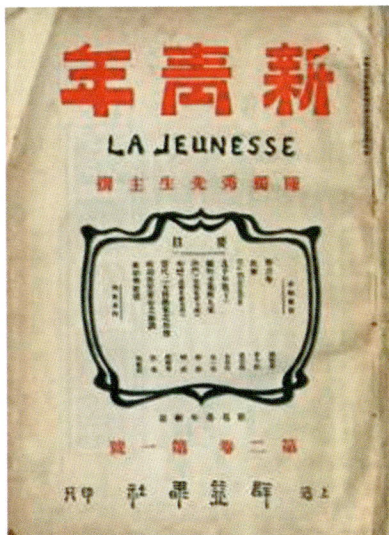

1916 年 9 月 1 日出版的第二卷第一号改名为《新青年》

1920 年

2 月 1 日 《天问》创刊于霞飞路 277E 号。（此址已拆）

7 月 4 日 毛泽东在《天问》第 23 期（1920 年 7 月 4 日出版）上发表《湖南人民的自决》一文。

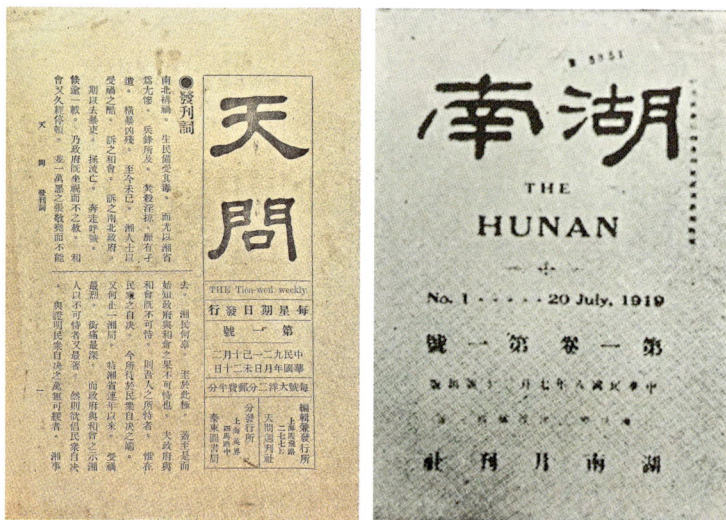

在上海发行的两类"驱张运动"的刊物

3 月 20 日 陈独秀在青年会征求会员大会闭幕典礼上发表题为《新文化运动是什么》的演讲。

《新文化运动是什么》认为：新文化运动要注重团体的活动，要注重创造的精神，新文化运动要影响到别的运动上面，并明确指出，"影响到产业上，应该令劳动者觉悟他们自己的地位，令资本家要把劳动者当作同类的'人'看待，不要当作机器、牛马、奴隶看待。新文化运动影响到政治上，是要创造新的政治理想。"[1]

3 月 陈独秀入住老渔阳里 2 号，随迁回沪的《新青年》杂志编辑部即设于陈独秀寓所。

[1]《新文化运动是什么》。《陈独秀文集》第二卷，人民出版社 2013 年版，第 5—6 页。

1917 年初，《新青年》编辑部迁到北京，从第四卷第一号（1918 年 1 月）起实行改版，改为白话文，使用新式标点，引领其他刊物，形成了一个提倡白话文运动。十月革命后，《新青年》成为五四运动的号角，是宣传新思想新文化的重要阵地。1920 年 9 月由京回沪的《新青年》杂志改组，从第八卷第一号开始成为上海的共产党早期组织的机关刊物，还特设"俄罗斯研究"专栏，开展社会主义讨论。1922 年 7 月休刊。1923 年 6 月改为季刊，成为中共中央正式机关刊物。1925 年 4 月起出版不定期刊，共出 5 期，至次年 7 月停刊。自 1915 年 9 月 15 日创刊号至 1926 年 7 月终刊，共出 9 卷 54 号。

4 月　俄共（布）远东局海参崴分局外交处全权代表维经斯基等人来华。后在新渔阳里 6 号设立中俄通信社，由杨明斋负责。

杨明斋（1882—1938）
1938 年 5 月在苏联

山东平度的杨明斋故居

4 月 21 日　中国公学召开演讲会，陈独秀作《五四运动的精神是什么？》的演讲，总结五四运动特有的精神：一、直接行动，

二、牺牲精神。[1]

5月　在环龙路老渔阳里2号陈独秀寓所成立马克思主义研究会，陈独秀负责，会员有李汉俊、陈望道、沈雁冰、邵力子等人。

沈雁冰（1896—1981）

邵力子（1882—1967）

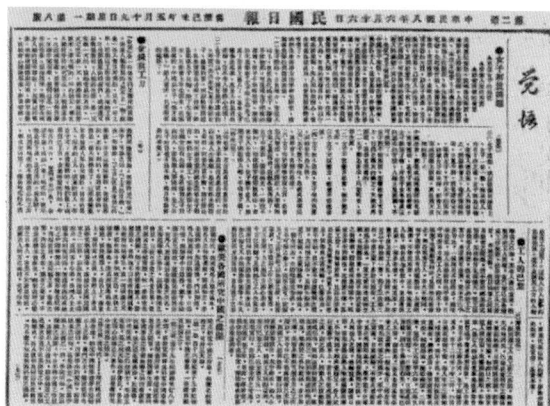

由邵力子担任主编的《民国日报》副刊《觉悟》

[1]《五四运动的精神是什么？》。《陈独秀文集》第二卷，人民出版社2013年版，第8页。

6月6日 《星期评论》因北洋政府当局禁止，被迫停刊，共出53期。

《星期评论》"新年号"

《星期评论》劳动日纪念刊

《星期评论》社旧址

矗立在《星期评论》编辑部遗址附近的纪念标识

《星期评论》于1919年6月8日在上海创刊，由戴季陶、沈玄庐、孙棣三等人主办，是五四运动后有较大影响的刊物，以研究和介绍社会主义、劳工运动获得盛名。李汉俊、陈望道、俞秀松等一些具有初步共产主义思想的知识分子在这里研究、传播马克思主义理论。

沈玄庐（1883—1928）

春　陈望道在家乡义乌完成《共产党宣言》的中译本。

2020 年 8 月 22 日首发的
《共产党宣言》中文全译本出
版一百周年纪念邮票

浙江义乌陈望道
故居

6 月 28 日　俞秀松将陈望道的《共产党宣言》中译本送到老渔阳
里 2 号交给陈独秀。

《俞秀松日记》中有关陈望道将《共产党宣言》译稿交给陈独秀的记载

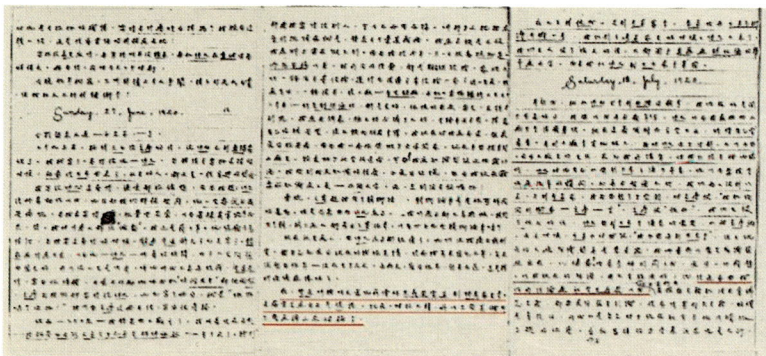

夜，望道叫我明天送他所译的《共产党宣言》到独秀家去，这篇宣言底原文是德语，现在一时找不到，所以只用英俄日三国底译文来对校了。

九点到独秀家，将望道译的《共产党宣言》交给他，我们说些译书的事……[1]

---

[1]《俞秀松日记》1920年6月27日、6月28日。上海市中共党史学会编:《俞秀松文集》，中央党史出版社2012年版，第13、14页。

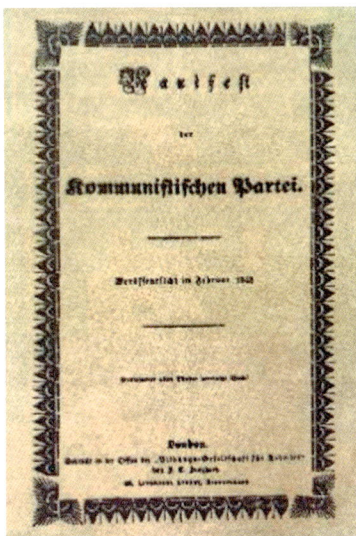

1848 年《共产党宣言》
德文第一版封面

1848 年 2 月《共产党宣言》德文第一版在伦敦出版，这是共产党
人的第一份纲领性文件，首次全面系统地阐述了科学社会主义理
论，标志着马克思主义的诞生。

2018 年德国发行的马克思诞辰
200 周年的纪念邮票

沈玄庐在《民国日报》上回复读者问询有关《共产党宣言》中文
译本的相关事项：

慧心，明泉，秋心，丹初，P.A：

你们来信问陈译马格斯《共产党宣言》的买处，因为问的人多，
没工夫一一回信，所以借本栏答复你们问的话：

一、社会主义研究社,我不知道在哪里。我看的一本,是陈独秀先生给我的,独秀先生是到新青年社拿来的,新青年社在"法大马路大自鸣钟对面"。

二、这本书底内容,《新青年》《国民》——北京大学出版社——《晨报》都零零碎碎译出过几章或几节的。凡研究《资本论》这个学说系统的人,不能不看《共产党宣言》,所以望道先生费了平常译书的五倍工夫,把彼全文译了出来,经陈独秀、李汉俊两先生校对。可惜还有些错误的地方,好在初版已经快卖完了,再版的时候,我很希望陈望道先生亲自校勘一道! [1]

7月2日 《民国日报》刊载介绍远东俄国合作社的稿件,此为上海报纸刊用"中俄通信社"所发新闻的开始。上海《民国日报》从1920年7月2日至1921年5月4日,连续采用该社通讯稿七十多篇文章;《新青年》杂志也刊登该社的稿件。

7月 袁振英途经上海时,经陈独秀挽留,在上海参加《新青年》杂志的编辑工作。9月后担任《新青年》"俄罗斯研究"专栏主编和撰稿人。

袁振英（1894—1979）

[1]《民国日报》副刊《觉悟》,1920年9月30日。玄庐,即沈玄庐。

袁振英在《新青年》《共产党》刊物上发表的译文（图片来源：中共东莞市委党史研究室编：《袁振英研究史料》，中共党史出版社 2014 年版）

8月　在辣斐德路成裕里创设又新印刷所，出版发行陈望道翻译，陈独秀、李汉俊校阅的《共产党宣言》。

又新印刷所旧址

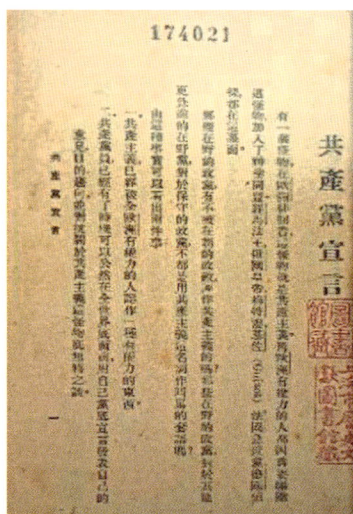

《共产党宣言》第一个中文
全译本第1页

1920年8月出版的《共产党宣言》
第一个中文全译本初版本

1920年9月出版的《共产党宣言》
中译本第二版封面

1920 年 8 月出版的《共产党宣言》中文全译本，封面上印有马克思半身坐像，水红底，标明"社会主义研究小丛书第一种""马格斯、安格尔斯合著"（即马克思、恩格斯），以"社会主义研究社"名义出版，新青年社发行，首版 1000 册。由于疏漏，第一版封面标题错印为《共党产宣言》，底色粉红色。同年 9 月再版，封面上的马克思底像为蓝色，书名也得以勘误。[1]

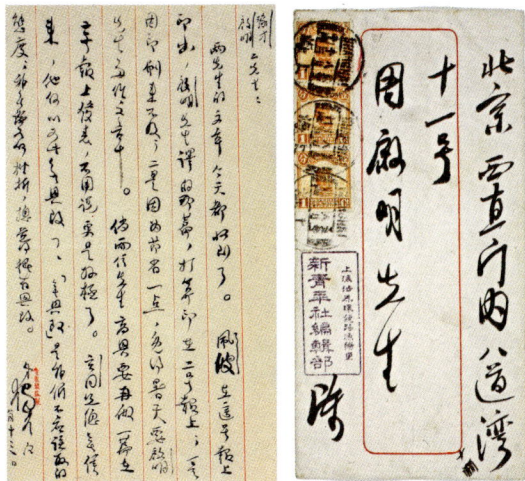

1920 年 8 月，陈独秀致鲁迅、周作人的信（图片来源：北京鲁迅博物馆［北京新文化纪念馆]）

8 月　成立新青年社，由陈独秀负责，这是中国共产党早期组织创建的第一个出版社。发行《新青年》《劳动界》等刊物和书籍。

上海法租界大马路（今金陵东路）279 号的新青年社总经销处

---

[1] 陈绍康：《建党前后传播马克思主义的几种珍籍》。中国共产党第一次全国代表大会会址纪念馆编：《上海地区建党活动研究资料》，1986 年版，第 52 页。

从 1920 年 11 月至 1921 年 4 月，新青年社翻译出版了 8 种 "新青年丛书"，介绍新思潮：第 1 种《社会主义史》，第 2 种《疯狂之心理》，第 3 种《哲学问题》，第 4 种《工业自治》，第 5 种《到自由之路》，第 6 种《欧洲和议后之经济》，第 7 种《工团主义》，第 8 种《阶级争斗》。[1]

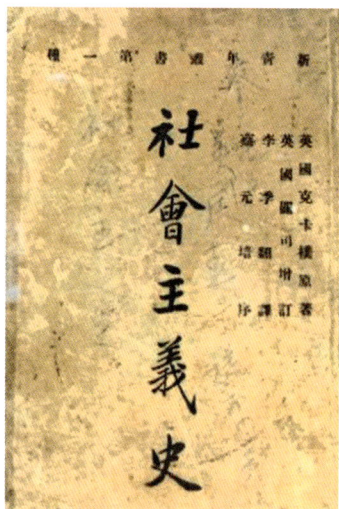

新青年社出版的由李季翻译的《社会主义史》

"我第二次北游期间，我读了许多关于俄国近况的书。并且热烈地搜寻一切那时候能够找得到的中文共产主义的著作。有三本在我的思想上影响特别大，建立起我对马克思主义的信仰。我一接受马克思主义是历史的最正确解释以后，便从没有动摇过。这三本书是：《共产党宣言》，陈望道翻译的，是用中文印行的第一本马克思主义的书；考思基的《阶级斗争》和刻儿枯朴的《社会主义史》。到了一九二〇年的夏天，在理论上——某种程度地也在实践上——我成了一个马克思主义者了，而且从此以后我便自认为是一个马克思主义者。"[2]

---

[1] 中共上海市委党史资料征集委员会主编、陈绍康编著：《上海共产主义小组》，知识出版社 1980 年版，第 22 页。
[2]《一个共产党员的由来》。（美）埃德加·斯诺著、董乐山译：《西行漫记》，生活·读书·新知三联书店 1979 年版，第 130—133 页。

9月　李汉俊将德国米里·伊·马尔西著的介绍马克思《资本论》的读本《经济漫谈》翻译后改名为《马格斯资本论入门》，这是在中国第一次系统地介绍马克思的《资本论》，标明"社会主义研究小丛书第二种"，以"社会主义研究社"名义出版，新青年社发行。

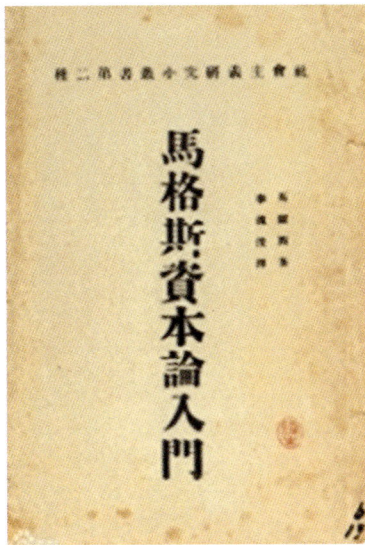

1920 年 9 月出版的《马格斯资本论入门》，马尔西著，李汉俊翻译

9月1日　《新青年》复刊。

《新青年》第八卷第一号采用新式标点符号和横排排版，内容有蔡元培的《社会主义史序》、陈独秀《谈政治》《对于时局的我见》，并在栏目设置上有很大调整，有"俄罗斯研究"栏目、关于苦力和工人等的"社会调查"栏目、"随感录"栏目、关于社会现状的"通信"栏目等。自此，《新青年》成为上海共产党早期组织的机关刊物，改由新青年社出版。

"移沪后出版之《新青年》第一期，就刊登了《谈政治》的社论。这一期的封面上有一小小图案，是一东一西，两只大手，在地球上紧紧相握。这暗示中国革命人民与十月革命后的苏维埃俄罗斯必须紧紧团结，也暗示全世界无产阶级团结起来的意思。社论《谈政治》简明扼要地阐述了马克思主义的基本原则。笔锋凌厉，一望而知出自陈独秀之手。"[1]

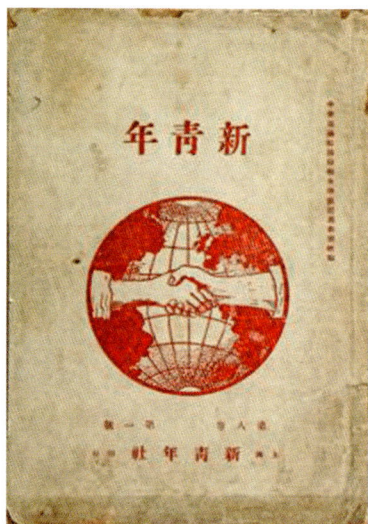

改组后的《新青年》第八卷第一号封面

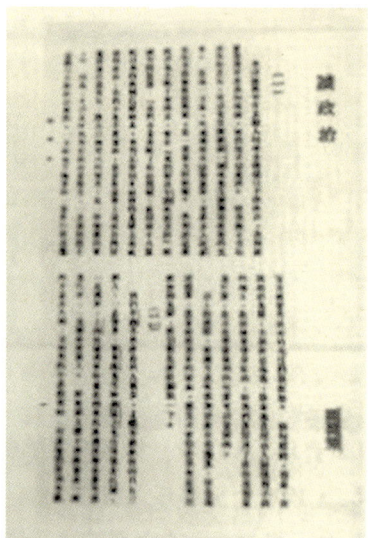

陈独秀在《新青年》第八卷第一号发表的《谈政治》

---

[1] 茅盾著，郭济访、章俊弟编：《茅盾自传》，江苏文艺出版社 1996 年版，第103—110 页。

《谈政治》一文出版的单行本，书
名改为《政治主义谈》（图片来源：
中共一大会址纪念馆编：《点亮中
国》，上海书画出版社 2019 年版，
第 100 页）

9 月 26 日 陈独秀与俞秀松、李汉俊在《劳动界》第 7 册刊登
特别启事，邀约工商友谊会会员开会，商议《店员周刊》筹办
事宜。

俞秀松收藏的书籍，右为沈雁冰翻译的《美国共产党宣言》

本年秋　恽代英受陈独秀委托，翻译考茨基的《阶级争斗》一书，并在 1921 年 1 月由新青年社出版。

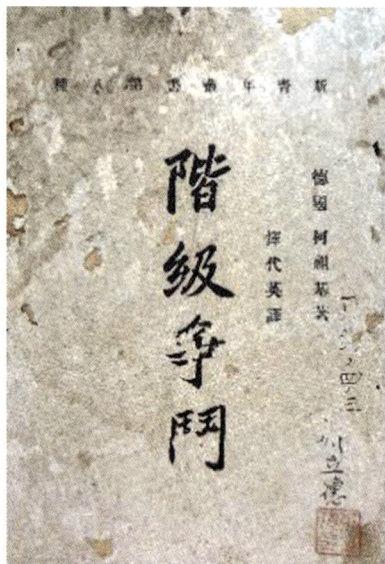

恽代英翻译的考茨基著
《阶级争斗》

11 月 7 日　在俄国十月革命 3 周年纪念日之际，出版《共产党》月刊，是中国共产党组织创办的第一份党刊。

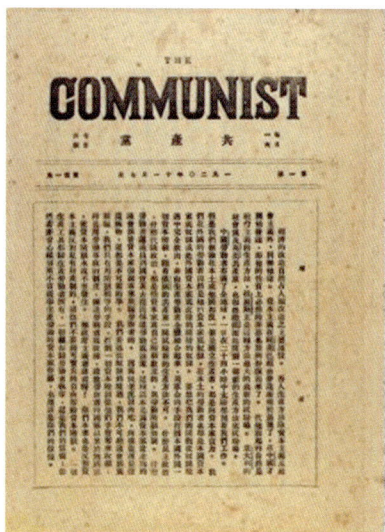

《共产党》月刊

《共产党》创刊号《短言》中指出："要想把我们的同胞从奴隶境遇中完全救出"，只有"跟着俄国的共产党一同试验新的生产方法"。

《共产党》第四号《短言》以问答的方式，回答了"共产党是什么一个怪物，有何魔力，使他们的党势在欧美各国都有一日千里之势？"这个问题："我以为这个疑问很容易解答。资本主义不能够解决现社会致命的困难，维系现社会最大多数的人心，这是不可掩蔽的事实了。继他而起的，无政府主义，除无政府党外，都觉得他是一个没有方法实现的空想；议会派的和平改革在英、德、法都试验过不行了，在政治腐败的国家更不必试验了。因此大家既不取无政府的空想，又不取议会派敷衍现状的方法，不趋向主张破坏而且有建设方法的共产党还有何路可走？"这些论述，皆为先进分子和中国革命指明了前进的方向。[1]

11月　起草《中国共产党宣言》。

《中国共产党宣言》从共产主义者的理想、共产主义者的目的、阶级争斗的最近状态三个方面阐述了党的政治主张，明确宣布要"组织一个革命的无产阶级的政党共产党"。阐明中国共产主义者关于实行共产主义新社会的理想，提出消灭私有制，实行生产资料公有，废除旧的国家机关，消灭阶级的主张，明确昭示："共产主义者的目的是要按照共产主义者的理想，创造一个新的社会。"[2]

---

[1]《共产党》第一号短言、第四号短言。中国社会科学院现代史研究室、中国革命博物馆党史研究室选编：《"一大"前后：中国共产党第一次代表大会前后资料选编》（一），人民出版社1980年版，第46、52页。
[2]《中国共产党宣言》。中央档案馆编：《中国共产党第一次代表大会档案资料》（增订本），人民出版社1984年版，第1页。

12月1日　陈独秀在《新青年》发表《关于社会主义的讨论》，说明张东荪等人宣扬的"基尔特社会主义"的实质就是走资本主义道路。

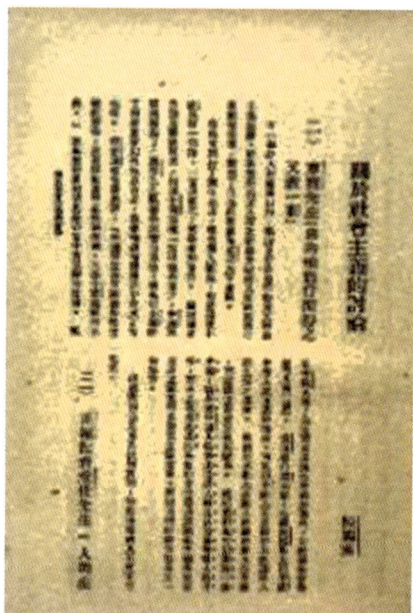

《关于社会主义的讨论》，《新青年》第八卷第四号

1920年5月李汉俊在《星期评论》发表《浑朴的社会主义者底特别的劳动运动意见》文章，开启了马克思主义与基尔特社会主义的思想交锋

《新青年》杂志第八卷第四号开辟《关于社会主义的讨论》专栏，影响较大的文章有：陈独秀的《社会主义批评》，李达的《讨论社会主义并质梁任公》等，李大钊也写了《中国的社会主义和世界的资本主义》。陈独秀将此类文章编辑成《社会主义讨论集》，由新青年社出版。

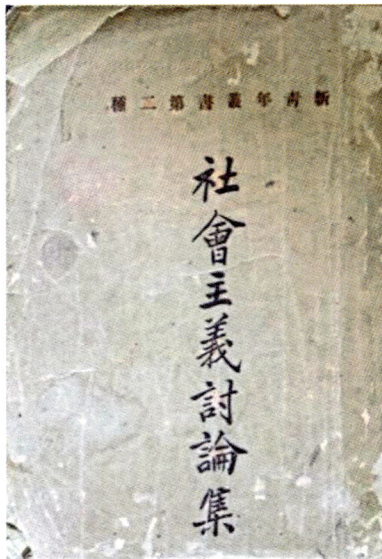

由新青年社出版的《社会主义讨论集》

建党初期宣传马克思主义的小册子《共产主义与智识阶级》，署名"田诚"（图片来源：上海革命历史博物馆（筹）编：《上海革命史研究资料——纪念建党70周年》，上海三联书店1991年版）

《共产主义与智识阶级》一书的内页（图片来源：中共一大会址纪念馆编：《点亮中国》，上海书画出版社 2019 年版，第 102 页）

1921 年 2月4日 新青年社被法租界巡捕房查封。该社在本月迁往广州昌兴街 26—28 号。

1923 年广州历史地图上的昌兴新街与周边道路关系（图片来源：许瑞生：《广州昌兴街出版往事寻踪》，《世纪》2022 年第 4 期。原图藏于广东省中山图书馆）

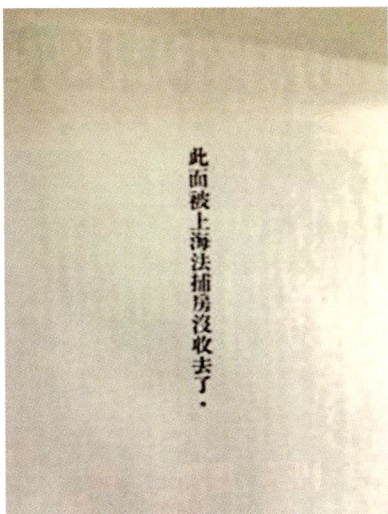

法租界当局对革命党人的活动异常注意，经常采用跟踪手段进行监视。在《共产党》月刊第3期出版时，法国租界巡捕房派密探来干扰，这期《告中国的农民》文章中的一页被搜去，现在留下的这期有一页就是因此"开天窗"的，上面印有"此面被上海法捕房没收去了"一行字，以示抗议。

5月 H. Gorter 著，李达译《唯物史观解说》由中华书局出版。

6月 《共产党》月刊第四号发表陈独秀的《讨论无政府主义》，李达（署名"江春"）的《无政府主义之解剖》，施存统（署名C.T.）的《我们怎样干社会革命》、邓中夏的《共产主义与无政府主义》等长篇文章。

6月24日 陈独秀、李大钊、李达、李汉俊、邵力子、沈雁冰、陈望道、沈玄庐、经亨颐、夏丏尊、周建人等人，在上海《民国日报》副刊《觉悟》刊登"《新时代丛书》编辑部缘起"，发起成立"新时代丛书"社。编辑部通讯地址为上海贝勒路树德里108号李汉俊寓所。《新时代丛书》在1922年1月后陆续出版。

"新时代丛书"刊登的广告

8月3日　上海《民国日报》副刊《妇女评论》创刊，陈望道主编，积极宣传妇女解放。

8月20日　中国劳动组合书记部机关刊物《劳动周刊》创刊。

9月　中央局决定成立人民出版社，出版宣传马列主义的书籍。出版社由李达负责，社址在南成都路辅德里625号（今老成都北路7弄30号）李达寓所。

11月　《中国共产党中央局通告》提出各地切实注意劳动运动、青年运动及妇女运动；开展宣传工作等问题。

12月10日　上海中华女界联合会出版的《妇女声》半月刊创刊，李达、王会悟、王剑虹等参加编辑。陈独秀、沈泽民、沈雁冰、邵力子等人曾为该刊写稿。该刊于1922年6月停刊。

1922 年

1 月 15 日　由上海社会主义研究会、马克思学说研究会、中国社会主义青年团、新文化研究社等团体发起，在宁波同乡会馆召开"德社会学者纪念会"，纪念李卜克内西、卢森堡殉难两周年。中外来宾 500 余人到会。李启汉主持会议。陈独秀、沈玄庐、陈望道等先后发表演说。[1]

1 月 28 日　上海党组织动员全体党员、社会主义青年团团员 100 余人，以及工人 50 人，于本日（农历正月初一）走上街头宣传。

此次活动内容之一是在市内沿街散发"贺年帖"。贺年帖实际是一张革命传单，是用书面纸制作，长 16.8 公分，宽 11 公分。正反面都是黑色铅印。正面用毛笔写的"恭贺新年"四字，背面印了一首《太平歌》，歌词为："天下要太平，劳工须团结。万恶财主铜钱多，都是劳工汗和血。谁也晓得：为富不仁是盗贼。谁也晓得：推翻财主天下悦。谁也晓得：不做工的不该吃。有工大家做，有饭大家吃，这才是共产社会太平国。"陈望道、沈雁冰、沈玄庐等人参加了活动。此次活动在南京路、南市等处散发"贺年帖" 2 万余张。有人看到后，大声惊呼："不得了，共产主义到上海来了。"[2]

2 月　上海社会主义青年团创立马克思学说研究社，由施存统负责。

3 月 5 日　《妇女声》平民女校特刊号上发表陈独秀、李达、邵力子、沈泽民等人的文章。陈独秀撰文指出：教育"是改造社会底重要工具之一"，他"希望新成立的平民女学校作一个风雨晦冥中的晨鸡！"[3]

---

[1]《民国日报》1922 年 1 月 16 日。
[2] 宁树藩、丁淦林：《关于上海马克思主义研究会活动的回忆——陈望道同志生前谈话纪录》，《复旦学报》（社会科学版），1980 年第 3 期。
[3]《平民教育》（一九二二年三月五日）。《陈独秀文集》第二卷，人民出版社 2013 年版，第 220 页。

《妇女声》"平民女校"特刊号

4月23日　陈独秀、陈望道在吴淞公学演说，陈独秀讲题为《马克思学说》。

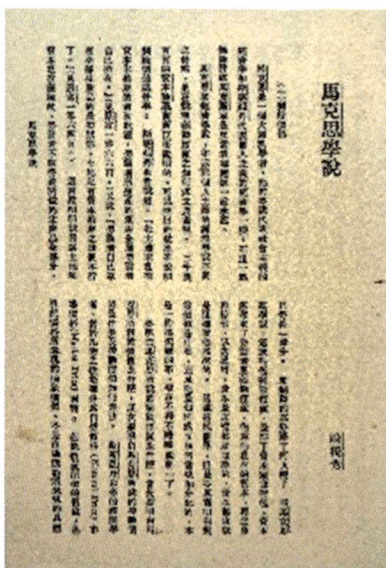

《马克思学说》

5月5日　上海学界举行马克思诞生104周年纪念会，张秋人主持会议，百余人到会。会议报告了马克思生平，还散发了中国劳动组合书记部编印的《马克思纪念册》。

马克思诞生 104 周年纪念会上散发的
《马克思纪念册》（图片来源：中共一
大会址纪念馆编：《点亮中国》，上海
书画出版社 2019 年版，第 108 页）

1922 年

9 月 13 日　《向导》周报在上海创刊，这是第一份公开发行的中
共中央机关报，蔡和森担任首任主编。

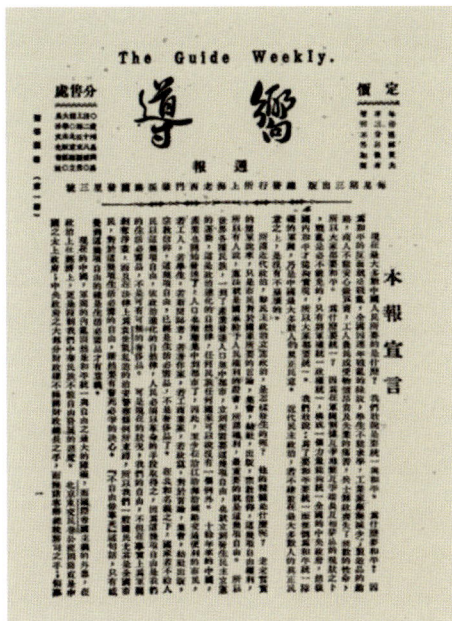

《向导》

渔阳里：工人运动的阵地

上海是近代中国民族工业的发祥地，1920 年，全国工人数 194.6 万人，其中上海有 51.38 万人，占全国工人总数的 1/4。此时，寓居沪上的陈独秀开始"转向工农劳苦大众方面"。陈独秀、李汉俊、俞秀松等人通过调查、演讲、成立工会组织、创办工人刊物、开办工人学校等多种方式，"面向无产阶级，使之觉悟，使之振作，使之组织起来"。《新青年》第七卷第六号为《劳动节纪念号》专刊。1920 年 8 月上海共产党发起组创办的《劳动界》在"发刊词"中阐明该刊的宗旨："教我们中国工人晓得他们应该晓得他们的事情。"《劳动界》以朴素的语言、生动的事例，深入浅出地向工人说明劳动创造世界、创造价值、工人阶级的历史使命，被工人称誉为自己的"喉舌"和"明星"。《劳动界》的出版发行深受工人的欢迎，还影响到其他城市，各地也相继创办了工人刊物，如北京的《劳动音》、广州的《劳动者》等。

1920 年 11 月，上海机器工会在白克路 207 号（今凤阳路 186 号）上海公立学校召开成立大会。孙中山、陈独秀等到会发表演说，这是全国第一个由共产党组织领导的工会团体，从此上海工人阶级真正有了自己的组织。中国工人在先进知识分子的宣传启发下，由自在阶级向自为阶级转变，工人阶级的觉悟觉醒，成为中国共产党成立的坚实的阶级基础。

1919 年 　5 月 4 日，五四运动爆发；6 月 3 日，重心转至上海，上海"三罢"斗争的胜利，对于五四运动的胜利起到了重要的作用。

1919 年五四运动时期，上海工人举行罢工

上海商界发起声援学生的游行

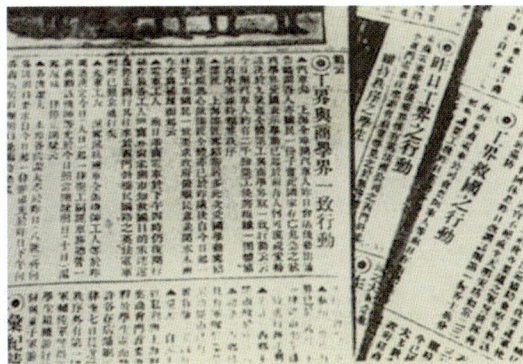

1919 年 6 月 7 日、8 日、9 日《申报》关于上海罢工消息的报道

1920 年 　3 月 5 日 《申报》刊载《上海工读互助团募捐启》。上海工读互助团是毛泽东、彭璜等人在上海组织成立的，发起人还有陈独秀、王光祈、汪孟邹等人。

4月2日　上海船务栈房工界联合会召开成立大会。陈独秀、李人杰（即李汉俊）、戴季陶、沈玄庐等人出席。陈独秀发表《劳动者底觉悟》演讲，指出："社会上各项人，只有做工的是台柱子"，"做工的人最有用最贵重"。[1]

4月18日　中华工业协会、中华工会总会、电器工界联合会、船务栈房工界联合会、药业友谊联合会等七团体代表举行会议，商议筹备世界劳动节纪念大会。陈独秀发表《劳工旨要》的演讲。[2]

20 世纪初贫苦工人在茅草屋中栖身

4月初　俞秀松入虹口东鸭绿江路的厚生铁厂做工。

俞秀松在 1920 年 6 月 29 日日记中写道：

我进工厂的目的：1. 观察现在上海各工厂底内容和工人底生活状况；2. 观察工人底心理，应该施什么教育和交际的方法；3. 尽我底能力，于可能的范围内，组织一个很小的工人团体。[3]

---

[1]《劳动者底觉悟》。《陈独秀文集》第二卷，人民出版社 2013 年版，第 10—11 页。
[2] 唐宝林、林茂生：《陈独秀年谱》，上海人民出版社 1988 年版，第 118 页。
[3]《俞秀松日记》（1920 年 6 月 29 日）。上海市中共党史学会编：《俞秀松文集》，中共党史出版社 2012 年版，第 15 页。

《上海工人宣言》

5月1日 《新青年》第七卷第六号（劳动节纪念号）出版。

《新青年》"劳动节纪念号"封面

《新青年》（劳动节纪念号），有孙中山、蔡元培等人的题字，还刊载了李大钊的《"五一"运动史》、陈独秀的《上海厚生纱厂湖南女工问题》等文章，介绍俄罗斯联邦共和国劳动法典以及上海、北京、南京等地的工人状况，并登载了"对于俄罗斯劳农政府通告的舆论"，刊登俄罗斯劳农政府的对华通告及各团体的答复文。

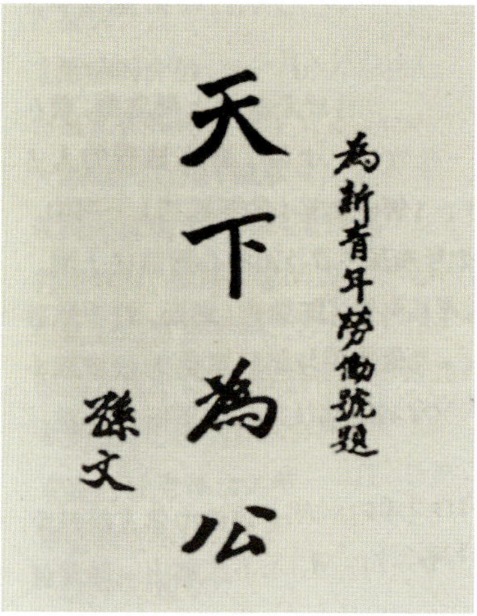

孙中山为《新青年》"劳动节纪念号"题字

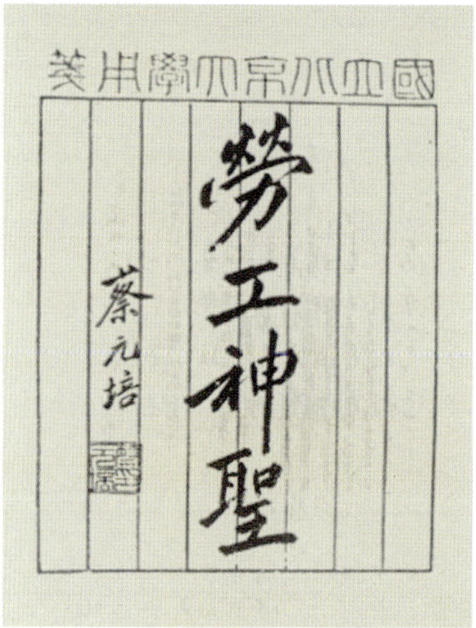

蔡元培为《新青年》"劳动节纪念号"题字

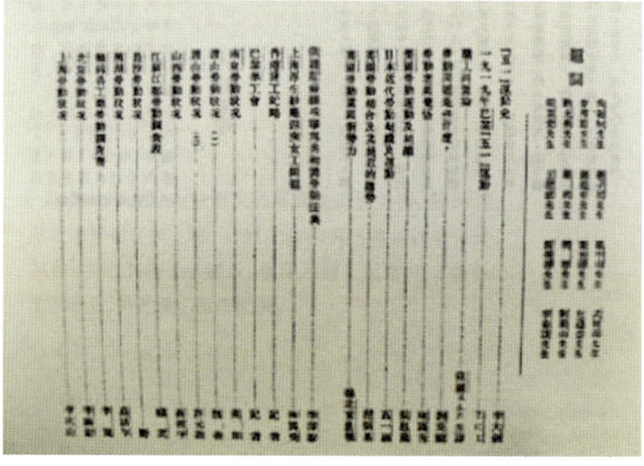

《新青年》"劳动节纪念号"部分目录

5月1日　陈独秀、施存统、陈望道等在上海澄衷中学参加纪念"五一"节集会。

澄衷中学

6月　湖南旅沪学生罗觉（罗亦农）、袁笃实（袁达时）发起成立"沪滨工读互助团"。该组织于1921年2月解散。[1]

8月15日　陈独秀、李汉俊等创办《劳动界》周刊，由新青年社发行，是中国共产党发起组创办的向工人阶级宣传马克思主义的刊物。

《劳动界》发刊词阐明其宗旨是："教我们中国工人晓得他们应该晓得他们的事情"，要使"本报成一个中国劳动阶级有力的言论机关"。[2]
《劳动界》周刊于1921年1月13日终刊。先后共出24册。

[1]《沪滨工读互助团情形》，《民国日报》1920年10月11日。
[2] 汉俊：《"为什么要印这个报？"》，《劳动界》1920年8月15日；《〈劳动界〉出版告白》，《民国日报》1920年8月17日。

《劳动界》刊载的漫画

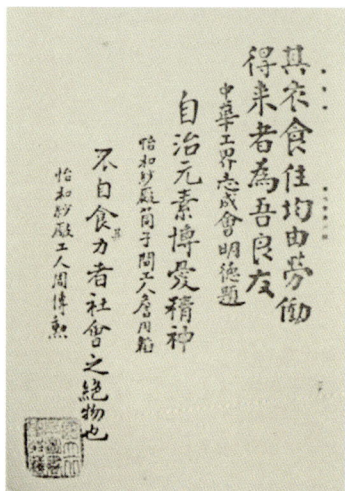

《劳动界》刊载的各界工人的题词

秋　中共发起组在沪西槟榔路锦绣里开办工人半日学校，由李启汉主持。这是全国第一所由中国共产党发起组创办的工人学校。

李启汉（1898—1927）

上海工人半日学校遗址旧貌

上海工人半日学校旧址位于安远路 62 弄（锦绣里）178—180 号，是一座日式二层楼房，是日商内外棉九厂的工房。因缺少宣传，来校学习的工人很少，是年冬改为以游艺会的方式开展活动。1921 年春，半日学校重新开学。报名人数有了增加。但后来学校被租界当局封闭。1921 年夏重新开学，工人半日学校更名为上海第一补习学校，由中国劳动组合书记部干事李震瀛任校长。[1]

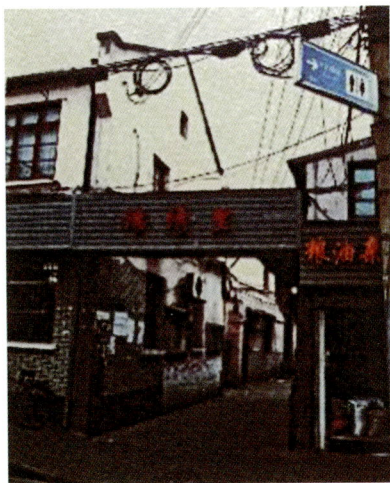

原上海工人半日学校旧址锦绣里弄口

[1] 信洪林：《我党建立的第一个工人学校》。中国共产党第一次全国代表大会会址纪念馆编：《上海地区建党活动研究资料》，1986 年版，第 84—86 页。

1920 年

8 月 26 日　陈独秀与俞秀松、李汉俊在《劳动界》（第七册）上刊登特别启事，邀约工商友谊会诸人于 31 日在渔阳里六号外国语学社开会，商议《店员周刊》进行事宜。

9 月 26 日　李中以"海军造船所工人李中"的署名，在《劳动界》第七册发表《一个工人的宣言》，认为，第一要认定我们的地位，第二要贯彻我们的联络，第三要奋发我们的热心，文中说："将来的社会，要使他变个工人的社会；将来的中国，要使他变个工人的中国；将来的世界，要使他变个工人的世界。"这篇宣言被视为工人阶级觉醒的先声。

李中（1898—1951）（李醒玉提供）

10 月 3 日　上海机器工会筹备会议在霞飞路渔阳里 6 号外国语学社召开。陈独秀、杨明斋、李汉俊、李启汉等人出席，李中主持，陈独秀在会上发表演说。会议讨论"上海机器工会章程"，聘陈独秀为经募处主任，事务所设西门路泰康里 41 号。上海机器工会是中国共产党领导的第一个产业工人的工会组织。

上海机器工会旧址
（原自忠路 225 号，
已被拆除）

矗立在上海机器工会
遗址附近的纪念雕塑

《民国日报》1920 年 10 月 7 日刊
登《上海机器工会简章》

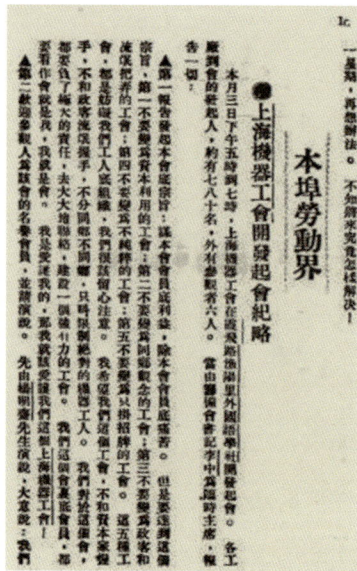

《劳动界》第九册（1920年10月10日）刊登《上海机器工会开发起会纪略》

10月10日 《上海伙友》创刊，由工商友谊会主办，新青年社发行。

《上海伙友》创刊号上，陈独秀撰写发刊词："本周刊发行的目的有二，就是（一）诉说伙友们的现在的苦恼，（二）是研究伙友们将来的职务。"

该刊第6期出版后，与上海共产党早期组织脱离关系。

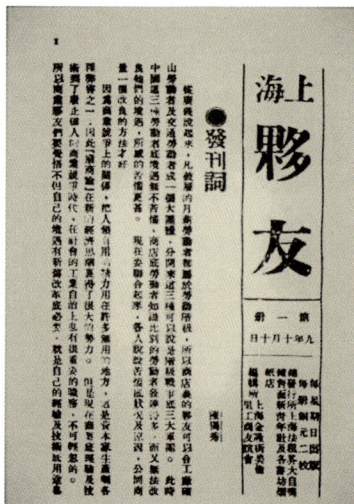

《上海伙友》第一册

10月27日　湖南劳工会负责人黄爱慕名致函陈独秀，报告该会简章内容。[1]

11月21日　上海机器工会在白克路207号（今凤阳路186号）上海公立学校召开成立大会。孙中山、陈独秀等到会发表演说。出版《机器工人》刊物。

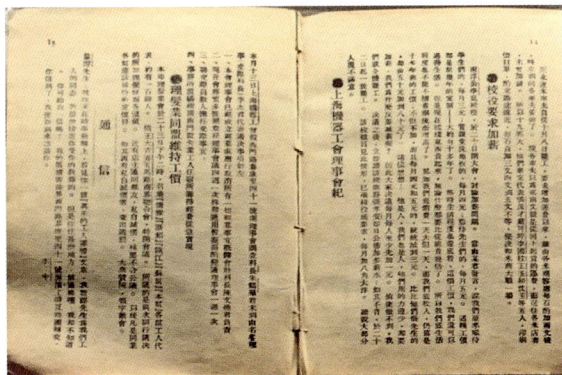

《劳动界》刊登《上海机器工会理事会纪》（1920年12册）

11月26日　毛泽东与罗璈阶通信，提及李中寓居陈独秀家中。

"我现在很想作工，在上海，李君声澥劝我入工厂，我颇心动。我现在颇觉专门用口用脑的生活是苦极了的生活，我想我总要有一个时期专用体力去作工就好。李君声澥以一师范学生在江南造船厂打铁，居然一二个月后，打铁的工作样样如意，由没有工线以渐得到每月工资十二元。他现寓上海法界渔阳里二号，帮助陈仲甫先生等组织机器工会，你可以和他通信。"[2]

12月　在上海共产党组织的领导下，上海印刷工会成立，并出版

[1] 唐宝林、林茂生：《陈独秀年谱》，上海人民出版社1988年版，第129页。
[2] 《致罗璈阶信》（1920年11月25日）。中共中央文献研究室、中共湖南省委《毛泽东早期文稿》编辑组编：《毛泽东早期文稿》，湖南人民出版社2008年版，第505页。

《友世画报》。[1]

《友世画报》创刊号

北京共产党早期组织创办的工人
刊物《劳动音》

1921 年   4月   上海公共租界工部局 1921 年 4 月警务日报记录李启汉等人
在新渔阳里六号召开纪念五一劳动节筹备会议的情况。

[1]《上海印刷工会成立》,《劳动界》第十八册, 1920 年 12 月 12 日。

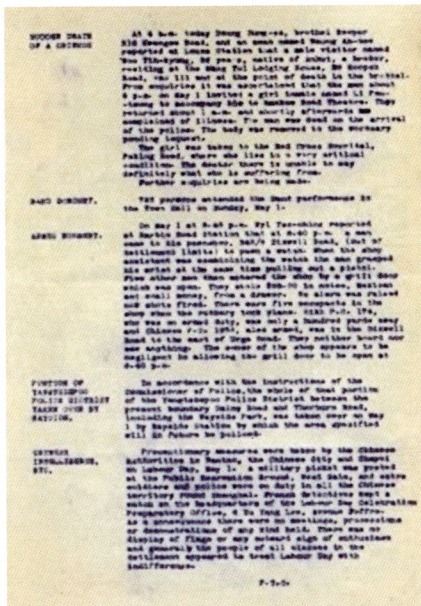

上海公共租界工部局 1921 年
4 月警务日报

4 月 29 日　法租界巡捕房搜查霞飞路渔阳里 6 号，没收了许多宣传品。

5 月 1 日　原定在上海公共体育场召开的纪念五一劳动节大会，因上海地方和租界当局的严密封锁而未能实现，但李启汉等人仍在沪西、闸北等处散发了传单。[1]

8 月 11 日　在上海成立中国劳动组合书记部，这是中国共产党领导工人运动的总机关。张特立（即张国焘）为书记部主任，李启汉、包惠僧、李震瀛等为干事。在北京、汉口、长沙、广州等地设立分部。

---

[1]《上海工部局警务日报（Police Daily Report）资料摘录》。中共"一大"会址纪念馆、上海革命历史博物馆筹备处编：《上海革命史资料与研究》第 6 辑，上海古籍出版社 2006 年版，第 673—686 页。

中国劳动组合书记部旧貌（原北成都路19号C）

中国劳动组合书记部今貌（今成都北路893弄7号）

《共产党》月刊第6号上刊登的《中国劳动组合书记部宣言》[1]

[1]《共产党》月刊第六号，1921年7月7日。

中国劳动组合书记部
广东分部，位于广州
惠福中路

中国劳动组合书记部
武汉分部，位于武昌
黄土坡下街 27 号

8 月 20 日 《劳动周刊》创刊，是中国劳动组合书记部的机关刊物。

《劳动周刊》第 13 期（1921 年
11 月出版）

1922 年

10 月 24 日　中国劳动组合书记部领导上海英美烟厂罢工，反对厂方欺压工人。罢工坚持三天。[1]

5 月 1—6 日　第一次全国劳动大会在广州召开，到会代表 173 人，代表全国 110 多个工会组织。第一次全国劳动大会通过了《全国劳动大会第一次会议宣言》，以及《8 小时工作制案》《罢工援助案》《全国总工会组织原则决议案》等决议案。

第一次全国劳动大会会场内景及会址（广州"广东机器工会礼堂"）

[1] 邓中夏谈英美烟厂罢工："上海英美烟厂新旧厂大罢工。1921 年 10 月 24 日，因新厂机车间与监工冲突，发生罢工，参加者万余人。结果，双方会议，和平解决。计罢工 3 日。上海英美烟厂罢工，中国劳动组合书记部是参加领导的。"邓中夏：《邓中夏文集》，人民出版社 1983 年版，第 438—439 页。

《民国日报》刊登的《全国劳动大会第一次会议宣言》

1922 年 5 月 1 日，
安源路矿工人俱乐部
成立。图为工人欢庆
俱乐部成立情景

渔阳里：培养人才的基地

陈独秀《新青年》发刊词《敬告青年》中明确宣示："青年之于社会，犹新鲜活泼细胞之在人身。""渔阳里"也是中国共产党发起组培养青年人才的基地。

1920 年 8 月 22 日，在陈独秀、杨明斋的指导下，俞秀松等 8 人，在霞飞路渔阳里 6 号成立了全国第一个青年团组织——上海社会主义青年团，俞秀松担任书记。上海社会主义青年团组织建立后，向各地分发团章和信件，要求建立团的组织，并经常与北京、广州、武汉等地互通情况，交流经验。上海社会主义青年团实际上起到了发动和组织成立中国青年团的作用。

新渔阳里 6 号，原为戴季陶寓所。1920 年 4 月维经斯基来华，在此创办中俄通信社，由杨明斋负责。1920 年 8 月上海社会主义青年团成立后，团中央机关也设立于此。1920 年 9 月，又在此创办了外国语学社，由杨明斋任校长，俞秀松任秘书。外国语学社的办学目的，一为掩护团的工作，二为培养党团干部。学社表面上公开招生，实际上都由各地共产党早期组织推荐学员。1921 年春起学员分批派赴苏俄留学，其中有刘少奇、罗亦农、任弼时、萧劲光、柯庆施等人。因此，外国语学社实际上是中国共产党早期组织建立的第一个培养青年干部的学校。曾在外国语学社学习的曹靖华回忆称，"渔阳里开辟了一代人的道路"。"渔阳里"为中国革命培养了一批青年干部和革命人才，在中国教育史和革命史上的地位是极其重要的。

1919 年

6 月 9 日　在五四运动影响下，上海学生联合会由静安寺路迁新渔阳里 14 号，其《上海学生联合会日刊》编辑部设于同里 20 号。

五四运动时上海学生联合会
创办的刊物

1920 年

6 月　中国第一个共产党组织在老渔阳里 2 号发起成立。

8 月 22 日　上海社会主义青年团的发起人有沈玄庐、陈望道、李汉俊、俞秀松、施存统、叶天底、袁振英、金家凤等 8 人，上海社会主义青年团成立。此后，陈独秀等将青年团的章程寄往各地，要求各地建团。

上海社会主义青年团
及外国语学社旧址
（今淮海中路 567 弄
6 号）

上海社会主义青年团是全国第一个青年团组织，俞秀松担任第一任书记，机关部设于霞飞路新渔阳里6号，共产党早期组织成员不论年龄大小，都加入青年团，一起开展活动。

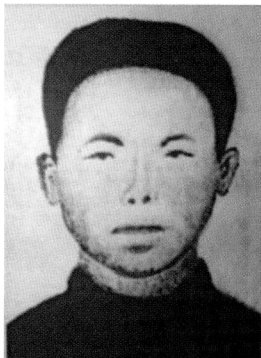

叶天底（1898—1928）

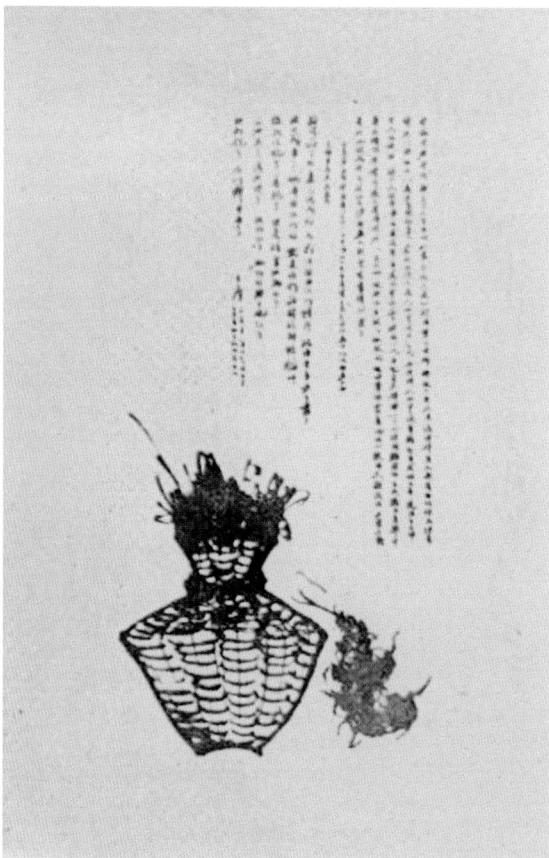

叶天底作品《磕篓与蟹》（1920 年）

金家凤（1903—1979）

9月　在新渔阳里6号成立外国语学社，由杨明斋担任校长，俞秀松担任秘书。

外国语学社的教室

杨明斋的办公室兼卧室

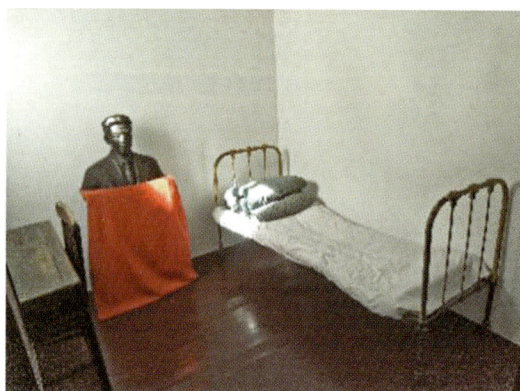

俞秀松的卧室。小铁床是俞秀松用过的原物，俞秀松夫人盛世同（安志洁）辗转从新疆带到上海

罗亦农（前排左）、俞秀松（后排中）等早期青年团员在外国语学社时合影

外国语学社学生罗亦农（中）、柯庆施（右）和周伯棣（左）在上海合影

外国语学社中，杨明斋、共产国际代表维经斯基的夫人库兹涅佐娃、王元龄任俄语教师，李达教授日文，李汉俊教授法文，袁振英任英语教师。陈望道翻译的《共产党宣言》是每个学生的必读教材。包括刘少奇、任弼时、罗亦农、萧劲光、蒋光慈、王一飞等一大批优秀青年在此培训学习后，被党组织送往苏联深造。学生最多时近 60 人。

9 月 28 日　"外国语学社"在上海《民国日报》刊登招生广告。

"本学社拟分设英、法、德、俄、日本语各班，现已成立英俄日本语三班，除星期日外每班每日授课一小时，文法读本由华人教授，读音会话由外国人教授，除英文外各班皆从初步教起。每人选习一班者月纳学费二元。日内即行开课，名额无多，有志学习外国语者请速向法界霞飞路新渔阳里六号本社报名。此白。"

《民国日报》刊登的
外国语学社招生广告

10月　陈独秀给长沙毛泽东邮寄团章，湖南开始建团。

10月　刘少奇由贺民范和长沙俄罗斯研究会介绍去上海，进外国语学社学习。

1921 年

本年　中国共产党发起组在新渔阳里 6 号成立教育委员会，选派外国语学社的优秀学生去莫斯科留学。

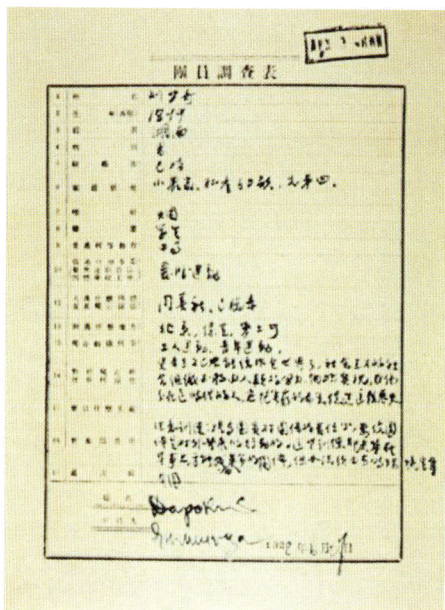

1922 年 6 月刘少奇填写的团员调查表

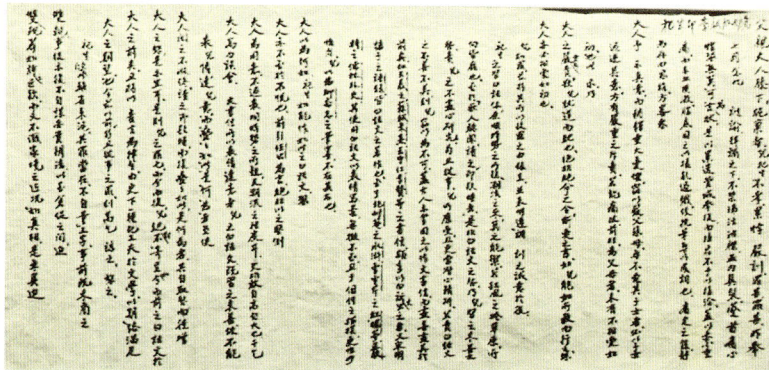

1920 年李启汉在外国语学社学习时写给父亲的信

3 月　在上海成立中国社会主义青年团临时中央执行委员会，俞秀松任书记。

3 月 29 日　俞秀松从上海到北京，再赴莫斯科，作为正式代表出席青年共产国际第二次代表大会和共产国际代表大会，并联系青年赴苏学习事宜。出席会议后，到东方大学学习。[1]

俞秀松去往莫斯科途中于 1921 年 4 月 4 日入住的哈尔滨三道街 4 号中华栈

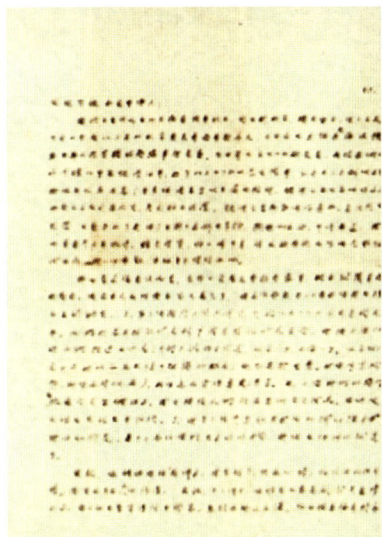

1921 年 4 月 6 日，俞秀松在哈尔滨给父母写的家书

---

[1]《1921 年 4 月 1 日给父母亲和家中诸人的信》。中国社会科学院青少年研究所青运史研究室编：《青运史资料与研究》1，1982 年版，第 115 页。

4月　教育委员会选送刘少奇、任弼时等外国语学社学员赴苏俄留学。以后陆续分批派赴苏俄学习的有罗亦农、萧劲光、王一飞、汪寿华、许之桢、柯庆施、陈为人、梁柏台、曹靖华、蒋光慈、任作民、谢文锦、华林、彭述之等。

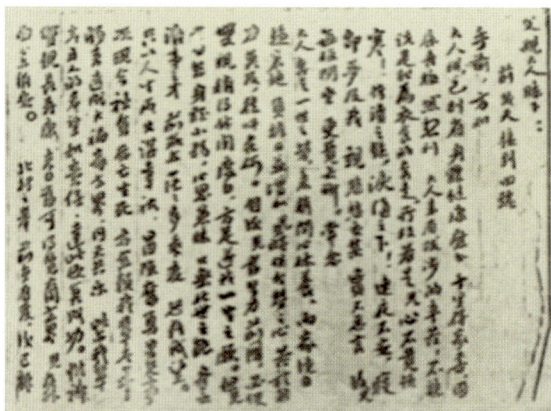

1921年春，任弼时赴苏留学前给父亲的信中写道：人生原出谋幸福，冒险奋勇男儿事，况现今社会存亡生死，亦全赖我辈青年

罗亦农（1902—1928）

萧劲光（1903—1989）

王一飞（1898—1928）

陈为人（1899—1937）

梁柏台（1899—1935）

曹靖华（1897—1987）

蒋光慈（1901—1931）

谢文锦（1894—1927）

华林（1893—1973）

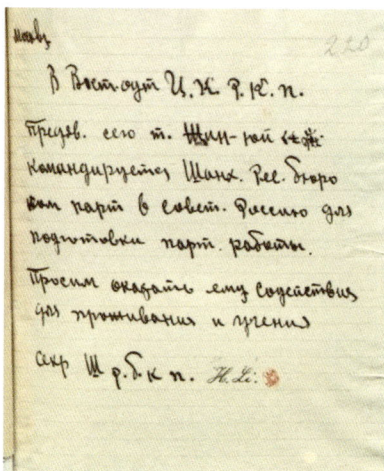

李汉俊为任岳赴俄学习写的路条（原件存俄罗斯国家社会政治史档案馆，495 全宗 154 目录 109 卷宗，周国长提供）

译文：莫斯科　致俄共布中央委员会东方部

兹有任岳同志受共产党上海革命局的派遣赴苏维埃俄罗斯学习党务工作，请务必给予他在生活与学习上的便利。

共产党上海革命局书记李汉俊　人杰（签章）

7月9日—23日　青年共产国际第二次代表大会在苏联举行。张太雷、俞秀松、陈为人联名向大会提交报告。报告分为四个部分：（一）中国青年运动的发动；（二）中国社会主义青年团的产生；（三）与工人运动汇合起来；（四）近期前景。[1]

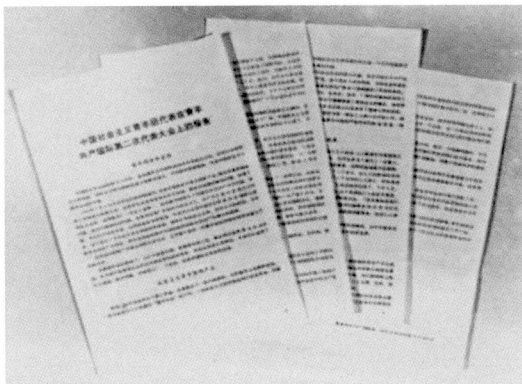

俞秀松、张太雷、陈为人向青年共产国际提交的《中国代表团在青年共产国际第二次代表大会上的报告》

7月15日　上海《民国日报》副刊《觉悟》登载外国语学社添招新班消息。

外国语学社添招新班

本社添招英文，俄文，法文，日文学生各一班。有志向学者，请即至法界霞飞路渔阳里6号报名，每班报名者满念名以上即行开课。报名费1元；学费每月2元。

---

[1]《中国代表团在青年共产国际第二次代表大会上的报告》（1921年7月）。中共上海市委党史研究室、中国社会主义团中央旧址纪念馆编：《觉悟渔阳里：上海社会主义青年团创建史料选辑（1919.5—1922.5）》下册，上海人民出版社2017年版，第1466页。

10月 创办平民女校。

李达任校长，王会悟任主任，入校学生约三十人，丁玲、王一知、王剑虹等都曾在此学习，陈独秀、高语罕、邵力子、陈望道、沈雁冰、沈泽民等人在此任教。但不到一年，因经费支绌而停办。

平民女校旧址
（1959 年）

平民女校招生广告

《民国日报》于1922年3月28日、30日、31日三次刊登的《平民女校工作部特别广告》

沈雁冰、沈泽民兄弟和张闻天（钟桂松提供）

平民女校教室

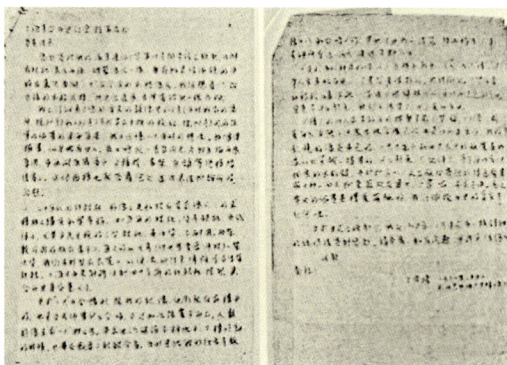

1960 年 2 月王会悟复函上海革命历史纪念馆筹备处，回忆中共二大会址和平民女校的情况（图片来源：中共上海市委党史研究室、上海市文物局编：《中国共产党早期在上海史迹》，同济大学出版社 2013 年版，第 20 页）

11月　根据青年共产国际和中国共产党中央局的指示，张太雷主持整顿恢复各地社会主义青年团的工作，首先恢复的是上海社会主义青年团，随后各地陆续恢复。

本年春在上海成立了中国社会主义青年团临时中央委员会后，由于招收团员门槛过低，信仰各异，意见分歧，组织分裂在所难免，加之反动当局的打击，各地青年团活动曾暂告停顿。

1922 年

1月　中国社会主义青年团机关报《先驱》创刊。

《先驱》自创刊号至第 3 期由北京地方团组织出版，刘仁静、邓中夏主编。从第 4 期起迁至上海，改由青年团临时中央局出版，施存统主编。1923 年 8 月 15 日停刊，共出 25 期。

本年初　在新大沽路356—357号设立中国社会主义青年团临时中央局机关。

位于大沽路400—402号（原新大沽路356—357号）的中国社会主义青年团临时中央局机关旧址

1922年1月，施存统从日本回国，受党中央委派，负责青年团临时中央局的工作。在新大沽路356—357号设立办公机关，创立"马克思学说研究社"。1922年5月中国社会主义青年团第一次代表大会在广州召开，此后，这里成为团中央机关。6月9日，租界巡捕房以"妨碍治安"为由将此处查封。此后，团中央机关转移至闸北，继续领导全国青年运动。

4月20日　俞秀松写信给方国昌（施存统），报告杭州共青团成立情况。

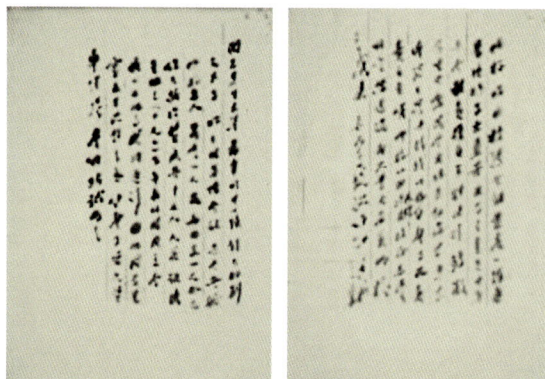

俞秀松致方国昌（施存统）的信函、明信片

5月5日　中国社会主义青年团第一次全国大会在广州召开。

中国社会主义青年团第一次全国大会会址——广州东园

展现中国社会主义青年团第一次全国大会会场的油画作品

1922 年 5 月中国社会主义青年团第一次全国大会代表签到簿（部分）

6 月　毛泽东就整顿团组织致函方国昌（施存统）。

毛泽东写给方国昌（施存统）的信

"渔阳里"的今生

新中国成立后，为迎接建党 30 周年，中央指示，对建党初期的历史遗迹进行寻访调查。中共上海市委非常重视中央的部署，从 1950 年 9 月开始，市委宣传部负责对中共一大会址及有关建党初期史迹的调查和寻访。根据缜密细致的查证，至 1951 年 4 月，分别核实了兴业路 78 号是召开中国共产党第一次全国代表大会的会址所在地（简称中共一大会址）。南昌路铭德里 100 弄 2 号是中共成立后的中央工作部（即《新青年》编辑部）旧址，是"中国共产党成立以后的第一个'总部'"。[1] 太仓路 127 号则为中共一大会议期间代表们的住宿之地。

经修缮一新，老渔阳里 2 号辟为上海革命历史纪念馆第二馆。1959 年 5 月 26 日和 1980 年 8 月 26 日，两次被公布为上海市文物保护单位。但后来老渔阳里 2 号作为上海革命历史纪念馆第二馆被因故关闭。新渔阳里 6 号，继 1959 年 5 月 26 日公布为上海市文物保护单位后，1961 年 3 月 4 日又公布为全国重点文物保护单位。

2020 年 7 月 1 日，老渔阳里 2 号（今南昌路 100 弄 2 号）门口的铭牌由原先的"《新青年》编辑部旧址"改为"中国共产党发起组成立地（《新青年》编辑部）旧址"，重新向公众开放。

在这片街区内，中国先进知识分子完成了精英集聚、理论宣传、阶级动员、人才培养、组织创建、筹备第一次全国会议等多项工作，老渔阳里 2 号因此成为中国共产党的发源地。

---

[1] 上海市档案馆藏：《上海革命历史纪念馆建设计划与说明文字》，卷宗号：A22-1-32。

1951 年

10 月　中共上海市委决定，将中共一大会址（原望志路 108 号，现兴业路 78 号），南昌路铭德里 2 号（即原环龙路渔阳里 2 号，现南昌路 100 弄 2 号）中共成立后的中央工作部旧址，太仓路 127 号（原蒲柏路 127 号）中共一大代表宿舍三处史迹联合组成上海市革命历史纪念馆，以"三馆合一"的形式，隆重纪念中国共产党成立这一"开天辟地"的历史大事。

1952 年

5 月　上海革命历史纪念馆第一、第二、第三馆修缮一新，第一、第二馆补充陈列展品初步就绪，第三馆恢复原状，布置亦大体完成。

6 月 3 日　上海革命历史纪念馆第一、第二、第三馆首次接待参观瞻仰。

7 月 1 日　《解放日报》刊登了杨重光的文章《"星星之火，可以燎原"——记上海三个革命历史纪念馆》，同时发表专题报道：《上海革命历史纪念馆经一年修建已初步完成》。

《解放日报》刊登的上海革命历史纪念馆修建的情况

上海革命历史纪念馆第二馆在南昌路铭德里号。1921—1923 年，中国共产党中央书记处在这里办公。当时毛泽东同志曾经一度在这里工作。这期间，中国共产党集中力量领导了中国的工人运动。在党的第一次全国代表大会闭幕之后，党就成立了一个公开做工人运动的总机关——中国劳动组合书记部。书记部出版了自己的——《劳动周刊》。自 1921 年 1 月起到 1923 年 2 月止，由于党的有效活动，掀起了中国第一个罢工运动的高潮。这一时期，罢工共逾百次以上，罢工人数三十余万人，而党对工人运动的领导，都是由这个党的中央总部来指挥的。[1]

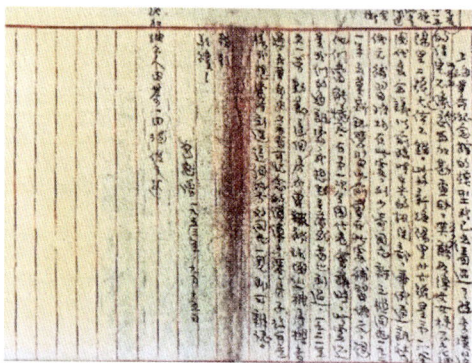

包惠僧于 1953 年 9 月 15 日致函中央宣传部，回忆有关中共一大会址、团中央机关旧址的情况。（图片来源：中共上海市委党史研究室、上海市文物局编：《中国共产党早期在上海史迹》，同济大学出版社 2013 年版，第 13 页）

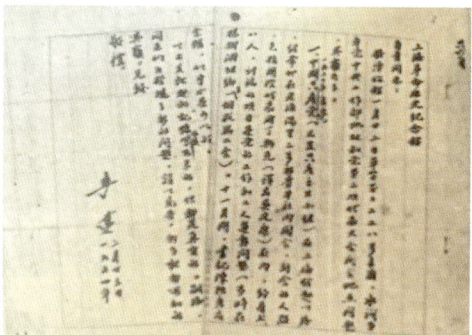

李达 1954 年 2 月 23 日致函上海革命纪念馆筹备处（图片来源：中共上海市委党史研究室、上海市文物局编：《中国共产党早期在上海史迹》，同济大学出版社 2013 年版，第 96 页）

1954 年 2 月，李达对于上海革命历史纪念馆来函承询当年党中央工作部地址和党第二次代表大会开会地点的问题，回复说：一九二〇年夏季，中国共产党（不是共产主义小组）在上海发起

[1] 杨重光：《"星星之火，可以燎原"——记上海三个革命历史纪念馆》，《解放日报》1952 年 7 月 1 日。

以后，经常地在老渔阳里二号新青年社内开会，到会的人数，包括国际代表威丁斯克（译名吴廷康）在内，约有七八人，讨论的项目是党的工作和工人运动问题（当时在杨树浦组织了一个机器工会）。"党的集会，一直是在老渔阳里二号举行的。"[1]

包惠僧回忆：第二馆是陈独秀的住宅，"在陈独秀没去广东以前，这个地方是经常集合之所。"[2]

陈望道回忆：我们时常在环龙路渔阳里二号开会（现在改为纪念馆），陈独秀住在这里，我后来也搬到这里来住。[3]

1957 年 6 月 7 日　上海革命历史纪念馆筹备处工作人员访问李达时，他又强调：党的中心应由博文女校和老渔阳里二号为中心。[4]

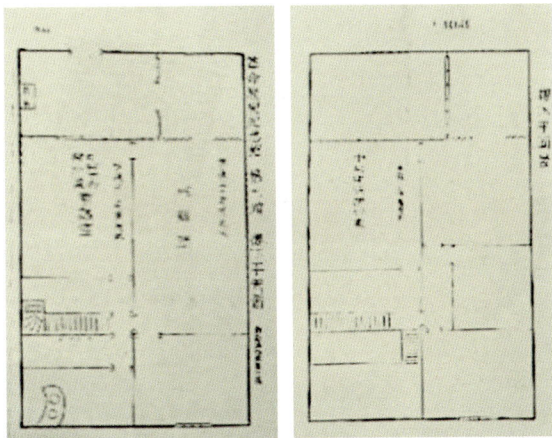

20 世纪 50 年代根据有关人士回忆绘制的老渔阳里 2 号的布置平面图[5]

---

[1] 李达：《回忆老渔阳里 2 号和党的"一大""二大"》（1954 年 2 月 23 日李达给上海革命历史纪念馆筹备处的复信）。《党史资料丛刊》第一辑，上海人民出版社1980 年版，第 18 页。

[2]《勘察上海革命历史博物馆的几点意见和回忆》（1954 年 3 月 17 日）。包惠僧：《包惠僧回忆录》，人民出版社 1983 年版，第 29 页。

[3] 陈望道：《党成立时期的一些情况》。《党史资料丛刊》第一辑，上海人民出版社 1980 年版，第 26 页。

[4] 李达：《回忆党的早期活动》。《党史资料丛刊》第一辑，上海人民出版社 1980 年版，第 22 页。

[5] 上海市档案馆藏。

1956 年 2 月，时任最高人民法院院长的董必武来上海视察，为上海革命历史纪念馆题写馆名。

1958 年 1 月 1 日　刘少奇偕夫人王光美到新渔阳里视察。

20 世纪五六十年代的新渔阳里 6 号（图片来源：中国社会科学院青少年研究所青运史研究室编：《青运史资料与研究》1，1982 年版）

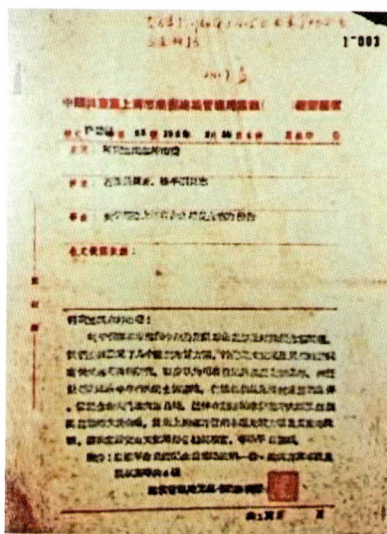

1958 年上海市规划建筑管理局党组报市委关于保存渔阳里，筹建上海革命史迹纪念馆的报告（图片来源：中共上海市委党史研究室、上海市文物局编：《中国共产党早期在上海史迹》，同济大学出版社 2013 年版，第 73 页）

1959 年 | 5 月 26 日　老渔阳里 2 号被公布为上海市文物保护单位，挂牌"《新青年》编辑部旧址"。同时，新渔阳里 6 号被确定为上海市文物保护单位。

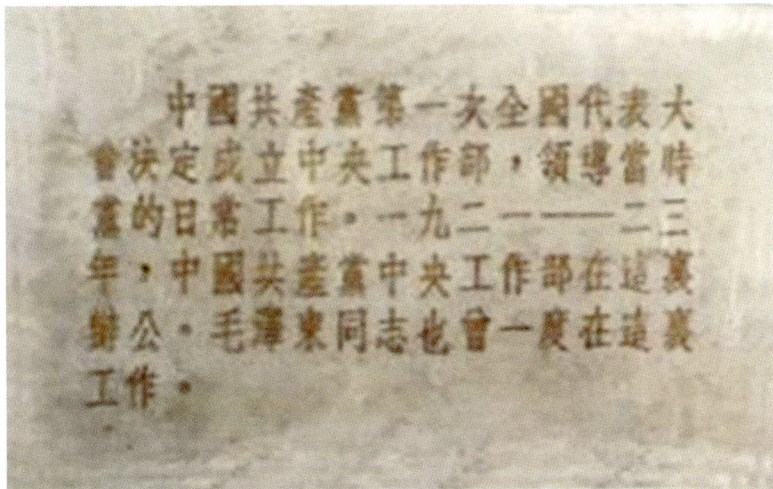

悬挂于原老渔阳里 2 号（今南昌路 100 弄 2 号）陈独秀故居内的铭牌
铭牌说明：中国共产党第一次全国代表大会决定成立中央工作部，领导当时党的日常工作。1921—1923 年中国共产党中央工作部在这里办公，毛泽东也曾一度在这里工作。[1]

1961 年 | 3 月 4 日　新渔阳里 6 号确定为全国重点文物保护单位。

---

[1] 此处有误，毛泽东并未在老渔阳里 2 号工作过。

20 世纪 50 年代的老渔
阳里 2 号一楼、二楼
内景

5 月 12 日　萧劲光到新渔阳里视察。

萧劲光在外国语学社门
前留影

自 20 世纪 70 年代，老渔阳里 2 号陆续迁入四户人家。

1980 年　8 月 26 日　老渔阳里 2 号再次被公布为上海市文物保护单位。

21 世纪初年的老渔阳里 2 号

2018 年　10 月 10 日　老渔阳里 2 号（南昌路 100 弄 2 号）的居民正式完成搬迁。

2018 年 10 月，老渔阳里 2 号（南昌路 100 弄 2 号）的居民完成搬迁，大门封闭，等待进一步修缮。

2019 年　5 月　中国社会主义青年团中央机关旧址纪念馆重新修缮完成，向公众开放。

经过重新修葺的中国社会主义青年团中央机关旧址纪念馆

位于中国社会主义青年团中央机关旧址纪念馆内的八位青年团创始人群雕

2020 年　7月1日　修缮一新的老渔阳里2号重新向公众开放。所悬挂的铭牌内容为：中国共产党发起组成立地（《新青年》编辑部）旧址。

图书在版编目（CIP）数据

渔阳里图志 / 李瑊编著；上海市中共党史学会渔阳里研究专业委员会，中共上海市黄浦区委宣传部，上海大学马克思主义学院编 . -- 上海：上海书店出版社，2023.12

（上海渔阳里与中国共产党的创建研究丛书）

ISBN 978-7-5458-2361-5

Ⅰ.①渔… Ⅱ.①李… ②上… ③中… ④上… Ⅲ.①中国共产党–党史–上海–图集 Ⅳ.①D235.51-64

中国国家版本馆 CIP 数据核字（2024）第 007769 号

责任编辑 俞芝悦

封面设计 汪　昊

上海渔阳里与中国共产党的创建研究丛书

渔阳里图志

李　瑊　编著

上海市中共党史学会渔阳里研究专业委员会
中共上海市黄浦区委宣传部　　　　　　　编
上海大学马克思主义学院

出　　版　上海书店出版社
　　　　　　（201101　上海市闵行区号景路159弄C座）
发　　行　上海人民出版社发行中心
印　　刷　上海新华印刷有限公司
开　　本　710×1000　1/16
印　　张　7.75
版　　次　2023年12月第1版
印　　次　2023年12月第1次印刷
ISBN 978-7-5458-2361-5/D.77
定　　价　68.00元